漢字

학부모님들의 뜨거운 사랑, 최고의 학습지로 보답하겠습니다!

기탄학습지를 사랑해 주시는 전국의 유·초등학생, 그리고 학부모님 여러분!

그동안 기탄교육은 대한민국 모든 어린이들이 공평한 교육기회를 누릴 수 있도록, 저렴하면서도 최고의 학습효과를 거둘 수 있는 서점용 학습지를 개발·보급하여 왔습니다. 대표 브랜드 기탄수학을 비롯하여 기탄사고력수학, 기탄국어와 급수한자, 스텐퍼드영단어 등 기탄의 학습지들은 자녀교육에 관심이 높은 학부모님들께 꾸준한 인기를 얻었으며, 그 결과 기탄수학이 3년 연속 주요 일간지 학습지부문 히트상품에 선정되기도 했습니다. 또한 외국 교포, 외국에서 근무하는 외교관이나 상사주재원의 자녀, 이민이나 조기유학을 떠나는 학생들에게 기탄학습지는 꼭 챙겨야 하는 중요품목으로 자리잡게 되었습니다.

기탄교육은 이러한 성원에 힘입어 교재에 대한 다양한 요구를 수렴하고, 교육의 시대적 변화에 능동적으로 대처한 신개념 학습지 기탄한글과 기탄영어를 개발하여 전국의 학부모님들로부터 뜨거운 찬사를 받고 있습니다. 특히 세계 최초로 채택한 4 in 1 시스템 제본은 뛰어난 학습 효과는 물론이고, 고객중심의 사고로 우리나라 교육출판 역사에 한 획을 그은 획기적인 발상으로 평가받고 있습니다.

이번에 새로이 선보인 「기탄한자」 역시 어린이들과 학부모님의 기대에 부응하는 최고의 한자학습지라 자부합니다. 최근 한자능력검정시험에 응시하여 자격증을 따는 초등학생의 숫자가 기하급수적으로 증가하는 등 한자교육의 중요성이 높아지고 있습니다. 특히 어릴 때부터 한자를 익히면 중국어나 일본어를 습득하는데도 큰 도움이 될 뿐만 아니라 국어의 언어능력이 높아지고 학습효과가 증대된다는 많은 연구보고가 있습니다.

'곡식은 농부의 발자국 소리를 듣고 자란다' 는 말처럼 아이들 교육에서도 부모의 관심과 애정이 가장 큰 힘이요, 자양분입니다. 무조건 값비싼 사교육에 우리 아이들을 맡기기보다는 아이들 스스로 공부하는 힘을 길러줄 수 있도록 기초 교육만큼은 부모님께서 직접 챙겨 주십시오.

앞으로도 저희 기탄교육은 항상 연구하고 노력하는 자세로 부모와 자녀가 함께 공부할 수 있는 좋은 교재를 개발하기 위해 모든 노력을 경주하겠습니다.

기탄을 사랑하시는 전국의 모든 학부모님과 어린이 여러분께 진심으로 감사의 말씀을 드립니다.

(주) 기탄교육 임직원 일동

그림으로 익히고 놀이로 기억하는
〈입체 한자 학습프로그램〉

이미지 연상에 의한 그림 한자 학습

한자는 그림에서 출발한 문자입니다. 사물의 모양을 본떠서 점차 상징화된 표의문자(뜻글자)로 발전하여 오늘날 세계에서 가장 많은 수의 인구가 사용하는 문자가 되었습니다. 기탄한자는 아이들에게 한자를 그림의 일부로서 뜻을 기억하게 하고 사물의 모양에서 문자 요소를 각인하도록 하였습니다. 학습지업계 최초로 이미지 연상을 통한 그림 한자를 개발하여 아이들은 한자를 기호가 아닌 그림 덩어리로 받아들여 저절로 기억하게 됩니다.

자원변화 과정의 이해를 통한 원리 이해 학습

기탄한자는 무조건 쓰고 외우는 방식이 아니라 자원변화 과정의 이해를 통한 제자 원리를 이해하도록 합니다. 갑골문 – 금문 – 설문해자의 한자 변천 과정을 아이들의 눈으로 접해 보며 원리 이해에 의한 한자 학습을 진행합니다. 문자학계의 정설을 엄선하여 학문적으로 여러 번의 감수와 고증을 거친 한자 학습의 표본이 될 수 있는 한자 학습프로그램입니다.

학습 효과를 극대화하는 체계적인 학습 전개 방식

한 주의 학습 전개 방식은
복습 ➜ 도입 ➜ 전개 ➜ 활용 ➜ 정리 ➜ 상식 ➜ 놀이
학습의 순서로 전개됩니다.

- **복습** 한 주 학습의 시작은 항상 지난 주에 학습했던 한자의 복습으로 출발합니다.
- **도입** 재미있는 창작 동화를 통해 이번 주에 익힐 한자의 개념을 접하고 스티커 활동을 통해 흥미를 불러일으킵니다.
- **전개** 각각 한자의 뜻과 소리와 모양 그리고 필순, 부수, 한자어 등을 익히게 됩니다.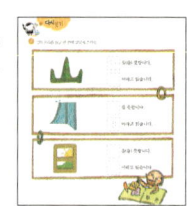
- **활용** 학습한 한자를 다양한 놀이 방법을 통하여 자연스럽게 좌뇌와 우뇌를 개발하는 이미지 학습법으로 한자 실력을 다져 나갑니다.
- **정리** 앞서 익힌 3요소, 필순, 부수 등 한자의 가장 필수적인 내용을 마무리합니다.
- **상식** 한자와 관련된 상식, 고사, 유래, 일화 등 여러 가지 흥미로운 이야기들을 엄마와 아이가 함께 읽어 나가면서 학습에 진정한 재미를 느낄 수 있습니다.
- **놀이** 오리기, 접기, 만들기, 퍼즐 맞추기, 그림 그리기, 만화 등 아이의 오감을 이용할 수 있는 놀이 활동으로 한 주 학습을 마무리합니다.

아이들은 한자박사로,
엄마는 진정한 선생님으로 만들어 드립니다

아동의 좌우뇌 발달을 돕는 한자 학습

대뇌를 연구하는 학자들에 의하면 6세 이전에는 우뇌가 주로 발달하고 그 이후에는 좌뇌 발달이 이루어진다고 합니다. 우뇌는 이미지, 직관, 예술 등의 기능을 담당하고 좌뇌는 분석적, 논리적, 언어적인 역할을 담당합니다. 기탄한자만의 자랑인 그림 한자, 도트 연결 한자, 숨은 한자, 직관 한자 등 이미지 요소 학습을 통해 직관력과 통찰력을 키워 아이의 우뇌를 자극해 줍니다. 또, 뜻, 소리, 모양 분리하기, 규칙성 알기, 모눈한자 따라가기, 모양 추리하기, 한글·한자병기 학습은 아이의 좌뇌를 개발시켜 줍니다. 10세 미만의 아이라면 바로 기탄한자로 아이의 두뇌개발을 도와 주세요.

하나의 한자를 37회 연습하는 완전학습 프로그램

예를 들어 山(산/뫼 산)이라는 하나의 한자를 기탄한자 프로그램 내에서 총 37회의 학습 기회를 갖게 했습니다. 복습, 도입, 전개, 활용, 응용 등 다양한 학습의 장을 마련하여 아이들은 자신도 모르는 사이에 한자를 접하고 익히게 됩니다. 37회의 학습 기회는 한자를 완전학습으로 이끌어 주는 지름길이 됩니다.

다양한 놀잇감을 통한 입체적 놀이학습

기존의 주입식, 쓰기 일변도의 한자 학습법에서 벗어나 아이들의 오감을 자극하고 아이들이 학습의 주인공이 되는 부교재와 함께 학습합니다. 각 집(권)마다 한자 카드, 스티커는 물론, 한자어 카드와 모형 놀이, 창열기 놀이, 파노라마 놀이, 조각 한자 맞추기 놀이, 병풍 놀이, 브로마이드 등 패키지 학습물 수준의 놀잇감이 아이들의 학습을 재미로 이끌어 줍니다.

독립적인 복습호 운용과 학습 성취도 평가 시스템

4주마다 한 번씩 복습주를 편성하여 앞서 익힌 한자들을 기억하도록 구성하였습니다. 이미 학습한 한자를 시간의 흐름과 함께 잊어버리지 않도록 각 집(권)마다 1호씩 총복습의 기회를 갖게 합니다. 또, 복습호에서는 일정 기간 동안의 학습 성취도를 점검하는 형성평가를 구성하여 올바른 진도 진행을 도왔습니다. 엄마는 집(권)별 형성평가와 각 단계별 총괄평가를 통하여 우리 아이의 학습 상황을 점검하고 적절한 동기유발과 칭찬으로 진정한 엄마 선생님이 될 수 있습니다.

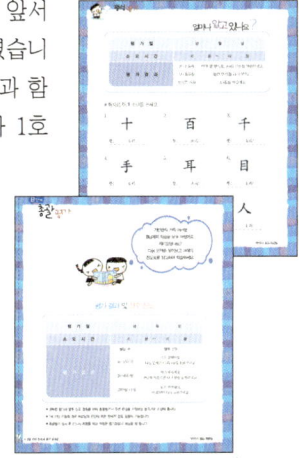

〈형성평가와 총괄평가〉

어렸을 때 배운 한자는 평생을 통해 활용됩니다
한자 학습의 중요성이 날로 높아지고 있습니다

● 한자 학습은 왜 필요할까요?

한자 학습은 이제 선택이 아닌 필수가 되었습니다. 우리의 언어 생활에 반드시 필요한 영역이라는 인식과 함께 한자가 지닌 학문적 전이성, 시대적 필요성 등이 재해석 되고 있기 때문입니다.

첫째, 우리말의 70% 이상이 한자어로 이루어졌기 때문에 기본적인 언어 생활에 도움을 줍니다. 곧 우리말을 바르게 이해하고 올바른 국어 생활을 하기 위해서는 한자를 아는 것이 필수적입니다.

둘째, 국어, 수학, 사회, 역사, 외국어 등 다른 학과 공부에 많은 도움을 줍니다. 예를 들어 수학을 공부할 때 분자(分子), 분모(分母), 분수(分數) 등 한자를 알고 있는 아이라면 수학의 개념도 훨씬 더 쉽고 정확하게 이해할 수 있습니다. 이렇게 한자는 타과목의 도구 교과적인 성격을 갖고 있습니다.

셋째, 어휘력과 이해력의 신장으로 문장 의미 파악이 쉬워져 책을 가까이 하는 아이로 만들어 줍니다. 한자는 조어력(造語力)과 의미 함축성이 매우 뛰어난 문자입니다. 이러한 이유로 전문서적이나 학술 용어 등은 한자로 표현되어 있습니다. 많은 양의 독서 경험은 곧 아이의 생각하는 힘과 창의력을 길러 줍니다.

넷째, 한자나 한문에는 선인들의 지혜와 윤리관이 배어 있어 바람직한 가치관과 예의범절을 배울 수 있습니다. 고전, 명문 속에 담긴 효행, 우애, 경로 등 사상적인 유산을 통해 바람직한 가치관을 가질 수 있고 나아가 사람이 해야 할 도리, 어른을 공경하는 자세, 학문을 배우는 자세 등도 익힐 수 있습니다.

● 한자 학습의 추세는 어떤가요?

한자 사용을 사대주의적 발상, 중국의 문자 차용이라고 보는 종전의 시각에서 벗어나 이제는 우리 언어의 일부라는 인식이 확대되어 초등학생부터 성인까지 한자 학습 열풍이 불고 있습니다.

첫째, 한자능력검정시험의 자격증이 국가 공인 자격증으로 인정됨에 따라 유아~성인에 이르기까지 한자 학습 붐이 일고 있습니다.

둘째, 21세기의 주역으로 한자 문화권이 급부상함에 따라 중국어, 일본어의 기초로서 한자 학습의 열기가 높아지고 있습니다. 한자는 세계인구의 1/4이 사용하고 있는 국제 문자로서 앞으로 그 중요성은 날로 높아질 것입니다.

셋째, 2005년부터 대학 수학 능력 시험 외국어 영역에 한문 과목이 추가되고 중·고등학교의 시험 출제 유형에서 논술 유형 출제 비중이 높아짐에 따라 한자 학습의 조기 교육이 일반화되어 가고 있는 상황입니다.

넷째, 대부분의 초등학교에서 재량시간으로 한자 학습을 시행하고 있습니다. 70년대 이후 한자 교육을 전혀 받지 못했던 부모님들과는 달리 현재 대부분의 초등학생들이 한자를 배우고 있습니다.

다섯째, 각종 공문서, 도로 표지판 등에 한자를 병기하는 국가 정책과 경제계, 교육계 등 각계의 한자 학습 요구에 대한 발표로 한자 학습의 중요성은 더욱 높아지고 있는 상황입니다.

한자 학습은 아이의 두뇌를 개발해 줍니다
한자 학습의 체계! 기탄한자가 잡아 줍니다

● 한자 학습의 효과는 무엇인가요?

▶ 한자는 그림에서 시작된 문자로서 구체적 이미지 자체가 곧 문자가 되었습니다. 이러한 시각적 이미지를 통한 학습은 곧 아동의 우뇌를 자극해 줍니다.

▶ 한자는 하나의 기초 개념에서 새로운 개념을 창출해 나갑니다. 이러한 과정을 통하여 아동의 창의력, 어휘력을 길러 줍니다.

▶ 한자는 저마다의 뜻, 소리, 모양을 각기 지닌 문자입니다. 이렇게 저마다의 뜻과 소리, 모양을 분석하는 연습을 통해 아동의 좌뇌 발달을 돕습니다.

▶ 한자는 부수와 몸이라는 수많은 부속품들의 조합으로 이루어진 문자입니다. 이러한 부속품들의 분리와 합체 과정을 통해 아이의 좌뇌를 발달하게 하고 논리력, 분석력을 키워 줍니다.

▶ 한자가 갖는 문자학적 특징은 조어력, 의미 함축성, 의미 명시성이 있습니다. 이미 만들어진 한자와 한자를 결합하여 새로운 단어를 만드는 조어력, 의미를 함축적으로 표현할 수 있는 의미 함축성, 의미가 바로 드러나는 의미 명시성이 있습니다.

한자 학습의 연구가 활발히 이루어지는 일본에서는 한자 학습의 시기가 빠를수록 좋다고 합니다. 그것은 우뇌 발달 시기인 6세 이전에 표의문자를 더 쉽게 받아들일 수 있으며, 초등학교 1학년 때가 가장 높은 효과를 보인다는 주장입니다. 그러므로 어른들의 관점으로 한자가 유아들에게 어렵다는 편견은 버려야 하며 한글을 어느 정도 읽을 수 있는 시기라면 한자 학습의 적기라고 할 수 있습니다.

● 기탄한자는 어떻게 구성되었나요?

▶ 기탄한자는 그림과 놀이로 시작하는 기초 한자 과정에서부터 고전명저의 명문장까지 한자 학습의 체계를 세우는 프로그램입니다. 중학교 교육용 한자 900자의 범위에서 기초한자(낱자)과정 ➡ 조어(교과서 한자어)과정 ➡ 문장(고전)과정의 학습까지 한자 학습의 체계를 세우는 학습목표로 개발되었습니다.

▶ 기초한자(낱자)과정(A단계~D단계)에서는 한자를 처음 시작하는 유아에서 한자 학습의 경험이 없는 초등학교 2학년생을 대상으로 상형자, 지사자 등 쉬운 개념의 기초한자 168자를 익히게 됩니다.
시각 이미지를 통한 그림한자의 각인과 다양한 부교재를 통한 놀이 학습으로 재미있게 학습하는 특성을 지니고 있습니다. 또, 최고의 일러스트와 세련된 디자인으로 아동의 정서적 심미감을 기를 수 있는 프로그램입니다. 기존의 한자 교재와는 차별화된 학습 효과를 얻을 수 있습니다.

▶ 조어(교과서 한자어)과정(E단계~G단계)에서는 총 90여권의 초등학교 교과서에 쓰인 모든 한자어를 사용 빈도와 한자 난이도에 따라 분석한 방대한 양의 데이터베이스를 갖추어 156자의 학습 한자와 530여 한자어를 선정하였습니다.

신출 한자와 이미 학습한 기출 한자를 조합하여 새로운 어휘를 만들어 내는 무궁무진한 조어(造語)의 원리를 아이가 스스로 깨달아 이해력과 어휘력이 높은 아이로 자라나게 해줍니다. 또 단편적인 한자 암기 학습에서 벗어나 국어, 수학, 사회, 과학 영역의 다양한 예문 학습과 창작 동화, 인물, 시, 신문, 고전이야기 등의 학습으로 학교 수업에 자신감을 길러 주고 나아가 어휘력, 사고력 향상으로 논술의 기초 능력까지 배양해 줍니다.

구성내용

A·B단계 교재별 구성내용은 이렇습니다

◆ 기탄한자 **A단계** 호별 학습 내용 및 부교재

집	호		학습 한자	학습 한자어	부교재
1집	1	1a ~ 12a	山, 川, 日	강산, 등산/ 하천, 산천/ 일기, 일월	한자 모형 놀이 한자 카드 한자어 카드
	2	13a ~ 24a	月, 火, 水	반월, 月급/ 火산, 火재/ 水영장, 水요일	
	3	25a ~ 36a	木, 金, 土	木수, 식木일/ 金구, 황金/ 국土, 土지	
	4	37a ~ 48a	복습+놀이 학습	복습	
2집	5	49a ~ 60a	一, 二, 三	一등, 통一/ 二층, 二학년/ 三각형, 三총사	한자 창열기 놀이 한자 카드 한자어 카드
	6	61a ~ 72a	四, 五, 六	四방, 四계절/ 五선지, 五월/ 六학년, 六반	
	7	73a ~ 84a	七, 八, 九	북두七성, 七면조/ 八도강산, 八방미인/ 九관조, 九구단	
	8	85a ~ 96a	복습+놀이 학습	복습	
3집	9	97a ~ 108a	十, 百, 千	十자가, 十월/ 百점, 百화점/ 千자문, 千리마	한자 파노라마 놀이 한자 카드 한자어 카드
	10	109a ~ 120a	耳, 目, 口	耳목, 耳비인후과/ 제目, 면目/ 식口, 출입口	
	11	121a ~ 132a	人, 手, 足	人간, 人형/ 手술, 선手/ 足구, 수足	
	12	133a ~ 144a	복습+놀이 학습	복습	
4집	13	145a ~ 156a	田, 石, 玉	유田, 대田/ 石공, 石굴암/ 백玉, 玉동자	한자 브로마이드 한자 카드
	14	157a ~ 168a	力, 大, 小	인力거, 풍力/ 大학생, 大가족/ 小아과, 小인국	
	15	169a ~ 180a	上, 中, 下	上의, 上행선/ 中국, 中심/ 下교, 下인	
	16	181a ~ 192a	복습+총괄 평가+놀이 학습	복습	

◆ 기탄한자 **B단계** 호별 학습 내용 및 부교재

집	호		학습 한자	학습 한자어	부교재
1집	1	1a ~ 12a	犬, 牛, 羊	충犬, 애犬/ 牛유, 牛마차/ 羊모, 백羊	한자 모형 놀이 한자 카드 한자어 카드
	2	13a ~ 24a	父, 母, 子	父모, 父자/ 母녀, 학부母/ 子녀, 여子	
	3	25a ~ 36a	生, 心, 身	生일, 선生/ 心신, 안心/ 身체, 身장	
	4	37a ~ 48a	복습+놀이 학습	복습	
2집	5	49a ~ 60a	車, 士, 己	車도, 자전車/ 군士, 박士/ 자己, 극己	한자 창열기 놀이 한자 카드 한자어 카드
	6	61a ~ 72a	自, 工, 門	自동차, 自연/ 목工, 工장/ 대門, 창門	
	7	73a ~ 84a	刀, 王, 白	단刀, 은장刀/ 王자, 국王/ 白지, 흑白	
	8	85a ~ 96a	복습+놀이 학습	복습	
3집	9	97a ~ 108a	魚, 貝, 鳥	인魚, 魚항/ 貝물, 貝총/ 백鳥, 길鳥	한자 파노라마 놀이 한자 카드 한자어 카드
	10	109a ~ 120a	主, 册, 雨	主인, 主객/ 册상, 공册/ 雨산, 雨의	
	11	121a ~ 132a	風, 里, 竹	風차, 강風/ 里장, 里정표/ 竹림, 竹도	
	12	133a ~ 144a	복습+놀이 학습	복습	
4집	13	145a ~ 156a	草, 花, 馬	약草, 草가/ 무궁花, 花원/ 경馬장, 馬부	한자 브로마이드 한자 카드
	14	157a ~ 168a	男, 女, 夕	男녀, 미男/ 소女, 선女/ 夕양, 추夕	
	15	169a ~ 180a	舌, 齒, 面	작舌차, 舌음/ 齒과, 충齒/ 가面, 수面	
	16	181a ~ 192a	복습+총괄 평가+놀이 학습	복습	

C·D단계 교재별 구성내용은 이렇습니다

◆ 기탄한자 C단계 호별 학습 내용 및 부교재

집	호		학습 한자	학습 한자어	부교재
1집	1	1a ~ 12a	文, 化, 言, 才	文人, 文身/ 化石, 문화/ 언어, 言論/ 다才, 천才	한자 맞추기 놀이 한자 카드 한자어 카드
	2	13a ~ 24a	兄, 弟, 交, 友	兄弟, 학부兄/ 의형弟, 弟子/ 交通, 외交/ 교友, 전友	
	3	25a ~ 36a	多, 少, 血, 肉	多情, 多少/ 少女, 노少/ 심血, 血肉/ 肉食, 肉身	
	4	37a ~ 48a	복습+놀이 학습	복습	
2집	5	49a ~ 60a	出, 入, 内, 外	出구, 出生/ 入구, 出入/ 국內, 차內/ 外국, 內外	한자 병풍 놀이 한자 카드 한자어 카드
	6	61a ~ 72a	去, 來, 立, 坐	去來, 과去/ 來日, 미來/ 자立, 立동/ 정坐	
	7	73a ~ 84a	光, 明, 行, 步	光명, 풍光/ 문明, 明월/ 신行, 行진/ 步병, 步行	
	8	85a ~ 96a	복습+놀이 학습	복습	
3집	9	97a ~ 108a	天, 地, 江, 河	天사, 天국/ 천地, 地구/ 江산, 江촌/ 河천, 은河수	한자 주사위 놀이 한자 카드 한자어 카드
	10	109a ~ 120a	毛, 皮, 角, 蟲	毛피, 양毛/ 목皮, 皮혁/ 녹角, 직角/ 초蟲, 해蟲	
	11	121a ~ 132a	古, 今, 衣, 食	古목, 古서/ 古今, 今일/ 우衣, 下衣/ 외食, 초食	
	12	133a ~ 144a	복습+놀이 학습	복습	
4집	13	145a ~ 156a	君, 臣, 兵, 卒	君주, 君신/ 臣하, 충臣/ 兵사, 兵력/ 卒병, 卒업	한자 브로마이드 한자 카드
	14	157a ~ 168a	方, 向, 左, 右	지方, 方향/ 풍向, 남向/ 左우, 左향左/ 右회전, 좌右명	
	15	169a ~ 180a	本, 末, 分, 合	근本, 本인/ 末일, 本末/ 分교, 分수/ 合창, 合심	
	16	181a ~ 192a	복습+총괄 평가+놀이 학습	복습	

◆ 기탄한자 D단계 호별 학습 내용 및 부교재

집	호		학습 한자	학습 한자어	부교재
1집	1	1a ~ 12a	靑, 赤, 音, 色	靑산, 靑년/ 赤색, 赤십자/ 音악, 音색/ 백色, 色지	한자 맞추기 놀이 한자 카드 한자어 카드
	2	13a ~ 24a	住, 所, 姓, 名	의식住, 住택/ 所감, 場所/ 姓명, 백姓/ 名작, 지名	
	3	25a ~ 36a	利, 用, 有, 無	利用, 예利/ 공用, 식用/ 有명, 所有/ 無인도, 無례	
	4	37a ~ 48a	복습+놀이 학습	복습	
2집	5	49a ~ 60a	公, 平, 意, 思	公공, 公무원/ 平화, 平야/ 意견, 동意/ 思고, 思상	한자 병풍 놀이 한자 카드 한자어 카드
	6	61a ~ 72a	老, 弱, 貧, 富	老인, 원老/ 弱세, 노弱/ 貧약, 貧혈/ 富귀, 富자	
	7	73a ~ 84a	正, 直, 忠, 孝	正직, 正답/ 直선, 直각/ 忠성, 忠언/ 孝도, 孝녀	
	8	85a ~ 96a	복습+놀이 학습	복습	
3집	9	97a ~ 108a	前, 後, 走, 止	역前, 오前/ 오後, 식後/ 활走로, 경走/ 止혈, 금止	한자 주사위 놀이 한자 카드 한자어 카드
	10	109a ~ 120a	法, 道, 完, 全	法률, 法원/ 道로, 道덕/ 完승, 完성, 全국, 안全	
	11	121a ~ 132a	善, 惡, 長, 短	善악, 善행/ 惡마, 惡몽/ 長검, 사長/ 장短, 短명	
	12	133a ~ 144a	복습+놀이 학습	복습	
4집	13	145a ~ 156a	世, 界, 國, 家	世계, 출世/ 외界, 정界/ 國왕, 國어/ 家족, 작家	한자 브로마이드 한자 카드
	14	157a ~ 168a	東, 西, 見, 聞	東서남북, 東해/ 西구, 西부/ 발見, 見학/ 신聞, 풍聞	
	15	169a ~ 180a	南, 北, 兒, 童	南극, 南대문/ 北극, 北상/ 유兒, 兒동/ 목童, 童화	
	16	181a ~ 192a	복습+총괄 평가+놀이 학습	복습	

구성내용

E단계 교재별 구성내용은 이렇습니다

◆ 기탄교과서한자 E단계 호별 학습 내용 및 부교재

집	호		학습 한자	학습 한자어		심화 영역		부교재
1집	1	1a~16a	寸京品市	寸 : 四寸, 外三寸, 四寸間 品 : 食品, 用品, 作品	京 : 上京, 京畿道, 京仁線 市 : 市內, 市場, 市立	창작동화	소중한 지폐 한 장 1	한자 카드 쓰기보따리 형성평가
						고사성어	水魚之交	
						시	사랑스런 추억 - 윤동주	
	2	17a~32a	巨具各曲	巨 : 巨人, 巨大, 巨木 各 : 各各, 各自, 各國	具 : 家具, 道具, 用具 曲 : 作曲, 曲線, 行進曲	창작동화	소중한 지폐 한 장 2	
						고사성어	他山之石	
						시	봄 - 빅토르 위고	
	3	33a~48a	可由原因	可 : 可能, 可決, 不可能 原 : 原子力, 原因, 草原	由 : 自由, 由來, 理由 因 : 原因, 因果, 要因	창작동화	슬기로운 재판 1	
						고사성어	見物生心	
						시	절정 - 이육사	
	4	49a~64a	복습	복습		창작동화	슬기로운 재판 2	
						고사성어	漁夫之利	
						시	동방의 등불 - 타고르	
2집	5	65a~80a	同求失反	同 : 同生, 同行, 合同 失 : 失手, 失明, 失言	求 : 求心力, 要求, 求人 反 : 反面, 反省, 反共	창작동화	닭이 사람과 함께 살게 된 이유 1	한자 카드 쓰기보따리 형성평가
						고사성어	五十步百步	
						시	접동새 - 김소월	
	6	81a~96a	告共首民	告 : 忠告, 原告, 告白 首 : 自首, 首弟子, 首相	共 : 共同, 公共, 共生 民 : 市民, 國民, 民心	창작동화	닭이 사람과 함께 살게 된 이유 2	
						고사성어	登龍門	
						시	눈 내린 아침 - 이인로	
	7	97a~112a	元先年回	元 : 元日, 元金, 元來 年 : 少年, 靑年, 一年	先 : 先生, 先山, 先王 回 : 一回用品, 河回, 回轉	창작동화	쇠를 먹는 쥐 1	
						고사성어	馬耳東風	
						시	눈 오는 저녁 - 김소월	
	8	113a~128a	복습	복습		창작동화	쇠를 먹는 쥐 2	
						고사성어	白眉	
						시	만돌이 - 윤동주	
3집	9	129a~144a	不非未必	不 : 不足, 不公平, 不平 未 : 未安, 未來, 未完成	非 : 非行, 是非, 非常口 必 : 必要, 生必品, 不必要	창작동화	세 친구 1	한자 카드 쓰기보따리 형성평가
						고사성어	多多益善	
						시	삶이 그대를 속일지라도 - 푸슈킨	
	10	145a~160a	知加字幸	知 : 知人, 知己, 告知 字 : 文字, 數字, 十字	加 : 加入, 加味, 加工 幸 : 多幸, 不幸, 幸福	창작동화	세 친구 2	
						고사성어	聞一知十	
						시	집 - 김영랑	
	11	161a~176a	表形味香	表 : 表面, 表情, 表明 味 : 意味, 風味, 口味	形 : 人形, 三角形, 地形 香 : 香水, 香氣, 香	창작동화	꿀강아지 1	
						고사성어	知音	
						시	올벼 고개 숙이고 - 이현보	
	12	177a~192a	복습	복습		창작동화	꿀강아지 2	
						고사성어	竹馬故友	
						시	행복 - 한용운	
4집	13	193a~208a	星軍相和	星 : 行星, 天王星, 北斗七星 相 : 首相, 人相, 色相	軍 : 軍人, 國軍, 軍士 和 : 平和, 和音, 共和國	창작동화	흰 코끼리의 전설	한자 카드 쓰기보따리 형성평가
						고사성어	千里眼	
						시	나그네의 밤 노래 - 괴테	
	14	209a~224a	單別命祖	單 : 單元, 名單, 食單 命 : 生命, 人命, 命令	別 : 別名, 別世, 分別 祖 : 先祖, 祖上, 祖父母	창작동화	뱀이 기어 다니게 된 이유 1	
						고사성어	朝三暮四	
						시	말 없는 청산이오 - 성혼	
	15	225a~240a	居章異再	居 : 住居, 居室, 同居 異 : 異常, 異意, 大同小異	章 : 文章, 圖章, 樂章 再 : 再生, 再活用, 再三	창작동화	뱀이 기어 다니게 된 이유 2	
						고사성어	一擧兩得	
						시	〈사랑〉을 사랑하여요 - 한용운	
	16	241a~256a	복습	복습		창작동화	뱀이 기어 다니게 된 이유 3	
						고사성어	溫故知新	
						시	삶의 아침인사 - 애너 리티셔 바볼드	

F단계 교재별 구성내용은 이렇습니다

◆ 기탄교과서한자 F단계 호별 학습 내용 및 부교재

집	호		학습 한자	학습 한자어		심화 영역		부교재
1집	1	1a~16a	仁 仙 信 休	仁: 仁川, 仁祖, 仁君 信: 信用, 自信, 信念	仙: 仙女, 水仙花, 仙人 休: 公休日, 休火山, 休息	창작동화 고사성어 전래동화	달밤에 얻은 행운 1 天高馬肥 빨간부채 파란부채	한자 카드 쓰기보따리 형성평가
	2	17a~32a	安 宅 官 容	安: 未安, 安心, 安全 官: 法官, 官家, 外交官	宅: 住宅, 自宅, 宅地 容: 容恕, 內容, 美容	창작동화 고사성어 전래동화	달밤에 얻은 행운 2 大器晚成 사만년을 산 사람	
	3	33a~48a	海 洋 漁 洗	海: 地中海, 東海, 海外 漁: 漁夫, 漁村, 出漁	洋: 東洋, 西洋, 海洋 洗: 洗手, 洗車, 洗面	창작동화 고사성어 전래동화	백일홍이야기 1 孟母三遷 소금을 만드는 맷돌	
	4	49a~64a	복습	복습		창작동화 고사성어 전래동화	백일홍이야기 2 蛇足 우렁각시	
2집	5	65a~80a	他 位 俗 保	他: 他人, 他地, 自他 俗: 民俗, 風俗, 世俗	位: 方位, 品位, 單位 保: 保全, 安保, 保有	창작동화 고사성어 전래동화	꾀 많은 장님 1 梁上君子 꼭두각시와 목도령	한자 카드 쓰기보따리 형성평가
	6	81a~96a	守 室 客 定	守: 守則, 保守, 守兵 客: 主客, 客室, 客地	室: 室內, 居室, 王室 定: 一定, 決定, 安定	창작동화 고사성어 전래동화	꾀 많은 장님 2 良藥苦於口 잊으라 한 건 안 잊고	
	7	97a~112a	林 村 材 校	林: 山林, 國有林, 竹林 材: 木材, 石材, 人材	村: 山村, 漁村, 民俗村 校: 下校, 校長, 校門	창작동화 고사성어 전래동화	바보 영웅 이야기 1 座右銘 반쪽이	
	8	113a~128a	복습	복습		창작동화 고사성어 전래동화	바보 영웅 이야기 2 矛盾 고양이와 푸른 구슬	
3집	9	129a~144a	決 洞 注 流	決: 決定, 決心, 可決 注: 注文, 注意, 注目	洞: 洞口, 洞長, 仁寺洞 流: 上流, 交流, 流行	창작동화 고사성어 전래동화	괴물 잡은 이발사 同床異夢 임자가 따로 있는 요술 궤짝	한자 카드 쓰기보따리 형성평가
	10	145a~160a	便 作 使 代	便: 便利, 便安, 大便 使: 使用, 天使, 使臣	作: 作心三日, 作用, 作品 代: 古代, 代表, 代身	창작동화 고사성어 전래동화	수수께끼 하나 結草報恩 배나무골 이도령	
	11	161a~176a	念 志 感 想	念: 信念, 記念, 一念 感: 共感, 自信感, 所感	志: 意志, 同志, 志士 想: 回想, 思想, 感想	창작동화 고사성어 전래동화	행운을 찾아다니는 사나이 1 井中之蛙 하늘 나라 밭 구경	
	12	177a~192a	복습	복습		창작동화 고사성어 전래동화	행운을 찾아다니는 사나이 2 近墨者黑 송뭉치 꼬리가 된 토끼	
4집	13	193a~208a	計 記 語 詩	計: 時計, 合計, 生計 語: 用語, 國語, 言語	記: 日記, 記入, 記念 詩: 童詩, 詩人, 三行詩	창작동화 고사성어 전래동화	그림자 없는 탑 1 有備無患 은혜 갚은 까치	한자 카드 쓰기보따리 형성평가
	14	209a~224a	情 性 進 造	情: 人情, 友情, 心情 進: 行進, 進出, 先進國	性: 性品, 性情, 女性 造: 造成, 造形, 人造	창작동화 고사성어 전래동화	그림자 없는 탑 2 走馬看山 두 개가 된 금덩이	
	15	225a~240a	始 好 雲 雪	始: 始作, 元始, 始祖 雲: 星雲, 白雲, 靑雲	好: 同好人, 好意, 好感 雪: 白雪, 雪景, 雪山	창작동화 고사성어 전래동화	그림자 없는 탑 3 螢雪之功 구렁이 신랑	
	16	241a~256a	복습	복습		창작동화 고사성어 전래동화	그림자 없는 탑 4 苦盡甘來 바리공주	

구성내용

G단계 교재별 구성내용은 이렇습니다

◆ 기탄교과서한자 G단계 호별 학습 내용 및 부교재

집	호		학습 한자	학습 한자어	심화 영역		부교재
1집	1	1a~16a	果實夫婦美	果:成果, 果實, 靑果, 無花果　實:行實, 實力, 實生活, 口實　夫:工夫, 夫子, 夫人, 漁夫　婦:主婦, 夫婦, 婦人, 婦女子　美:美化員, 美國人, 美人, 美化	인물	마크 트웨인	한자 카드 쓰기보따리 형성평가
					창작동화	소가 골라준 새 신랑 1	
					고사성어	改過遷善	
					기사문	돈 더 버는 아내 집안일 더 한다	
	2	17a~32a	重要活動得	重:重要, 所重, 貴重, 重大　要:必要, 主要, 要求, 要所　活:活用, 生活, 活字, 活力　動:活動, 行動, 動力, 動作　得:所得, 利得, 得失	인물	어네스트 톰슨 시튼	
					창작동화	소가 골라준 새 신랑 2	
					고사성어	錦衣還鄕	
					기사문	컬러식품 좋아좋아	
	3	33a~48a	夜景成功者	夜:夜食, 白夜, 夜光, 夜行　景:風景, 光景, 山景, 雪景　成:成長, 作成, 合成, 完成　功:成功, 功臣, 年功, 功力　者:記者, 富者, 步行者, 老弱者	인물	에디슨	
					창작동화	소가 골라준 새 신랑 3	
					고사성어	管鮑之交	
					기사문	日 간사이 5색 체험관광	
	4	49a~64a	복습	복습	인물	퀴리부인	
					창작동화	소가 골라준 새 신랑 4	
					고사성어	刻舟求劍	
					기사문	재교육기관 노크 해보자	
2집	5	65a~80a	時間空氣集	時:日時, 時代, 同時, 時計　間:人間, 山間, 時間, 中間　空:空中, 空間, 空冊, 空想　氣:空氣, 香氣, 日氣, 大氣　集:文集, 集中, 詩集, 集合	인물	장영실	한자 카드 쓰기보따리 형성평가
					창작동화	거짓말 시합 1	
					고사성어	刮目相對	
					기사문	귀성길 차 안에서 게임 한판	
	6	81a~96a	現在協商事	現:表現, 現金, 現地, 出現　在:現在, 所在, 在京, 在來　協:協同, 協力, 協心, 協定　商:商人, 商品, 商去來, 協商　事:人事, 行事, 工事, 記事	인물	록펠러	
					창작동화	거짓말 시합 2	
					고사성어	吳越同舟	
					기사문	폴크스바겐 노·사 대협상	
	7	97a~112a	社會技能部	社:社長, 會社, 社交, 入社　會:大會, 社會, 面會, 立會　技:長技, 技法, 技術, 技能　能:技能, 能力, 可能, 才能　部:部分, 一部分, 外部, 一部	인물	콜럼버스	
					창작동화	말 잘 듣는 효자 1	
					고사성어	羊頭狗肉	
					기사문	국가중대사 국민합의가 필요	
	8	113a~128a	복습	복습	인물	앙리 뒤낭	
					창작동화	말 잘 듣는 효자 2	
					고사성어	完璧	
					기사문	시동 걸면 주행정보 쫙~	
3집	9	129a~144a	問答登場省	問:問安, 問題, 反問　答:問答, 答信, 正答, 回答　登:登山, 登校, 登用　場:市場, 工場, 入場, 場面　省:反省, 自省, 省墓	인물	리스트	한자 카드 쓰기보따리 형성평가
					창작동화	냄새 맡은 값 1	
					고사성어	指鹿爲馬	
					기사문	침체의 잠에 취한 라인강의 기적	
	10	145a~160a	春夏秋冬溫	春:春川, 春香, 立春, 靑春　夏:立夏, 春夏, 夏至　秋:秋夕, 秋風, 春秋　冬:冬至, 立冬, 春夏秋冬　溫:氣溫, 溫室, 溫水	인물	김홍도	
					창작동화	냄새 맡은 값 2	
					고사성어	塞翁之馬	
					기사문	스키장 넘어져야 안 다친다	
	11	161a~176a	貴愛病死敬	貴:貴重, 高貴, 富貴, 貴人　愛:友愛, 愛國, 愛人, 愛犬　病:問病, 白血病, 病室, 病名　死:生死, 死亡者, 不死身, 病死　敬:恭敬, 敬老, 敬老席, 敬語	인물	안중근	
					창작동화	아버지의 유서 1	
					고사성어	難兄難弟	
					기사문	은행나무 천국 부석사 가는길	
	12	177a~192a	복습	복습	인물	황희	
					창작동화	아버지의 유서 2	
					고사성어	四面楚歌	
					기사문	서울과 워싱턴 마음을 열 때다	
4집	13	193a~208a	物件發電書	物:古物, 文物, 人物　件:物件, 事件, 用件　發:發生, 出發, 發明, 發見　電:電力, 電子, 電車, 電氣　書:文書, 古書, 書名	인물	벤자민 프랭클린	한자 카드 쓰기보따리 형성평가
					창작동화	선행과 쾌락 1	
					고사성어	三顧草廬	
					기사문	대한민국은 배달천국	
	14	209a~224a	高低苦樂朝	高:高音, 高溫, 高貴, 高見　低:低溫, 低下, 低利, 低學年　苦:苦生, 苦心, 苦行　樂:音樂, 安樂, 樂山　朝:王朝, 朝夕, 朝會	인물	루소	
					창작동화	선행과 쾌락 2	
					고사성어	脣亡齒寒	
					기사문	중소기업 그곳에도 길이 있다	
	15	225a~240a	眞理學習賞	眞:眞情, 眞空, 眞心　理:心理, 原理, 眞理, 一理　學:學年, 學生, 入學, 見學　習:學習, 風習, 自習　賞:賞品, 孝行賞, 大賞, 賞金	인물	전봉준	
					창작동화	아가씨와 우유 1	
					고사성어	守株待兎	
					기사문	들리지! 눈 쌓은 숲 생명의 소리	
	16	241a~256a	복습	복습	인물	뢴트겐	
					창작동화	아가씨와 우유 2	
					고사성어	臥薪嘗膽	
					기사문	물건값 계산 … 약도 그리기 …	

학부모 여러분, 〈기탄한자〉는 이렇게 지도해 주세요

1. 학습자의 능력보다 낮은 단계에서 시작하세요.

기탄한자 A~G단계는 기초 한자부터 초등학교 교과서에 쓰인 한자어를 학습하는 프로그램입니다. 한글을 아는 유아에서부터 한자 학습의 경험이 있는 초등학교 6학년 학생을 대상으로 개발되었습니다. 그러나 한자 학습의 경험이 있는 아이라도, 학습자의 경험이나 능력보다 낮은 단계에서 시작하는 것이 바람직합니다. 특히 각 단계의 1집부터 순차적으로 학습해 나가는 것은 매우 중요합니다. 간혹 학부모님의 판단에 따라 단계의 생략은 가능하지만 2, 3집부터 시작하는 것은 옳지 않은 진도 진행입니다. 아이가 학습에 부담을 느끼지 않고 한자 공부는 쉽고 재미있다는 느낌을 가질 수 있도록 A단계 1집에서부터 시작하는 것이 가장 이상적인 출발점입니다.

2. 복습호는 반드시 부모님이 함께 해 주세요.

각 집(권)마다 앞서 배운 한자의 복습호가 구성되어 있습니다. 복습호에서는 항상 형성평가를 실시하여 학습 수용도를 점검합니다. 이 때 부모님이 반드시 채점을 해 주시고, 결과에 따라 적절한 칭찬과 동기유발이 필요합니다. 또 복습주마다 구성된 놀잇감(A~D단계)으로 아이와 함께 놀아 주세요.

3. 교재 구입 즉시 분책하여 사용하세요.

〈기탄한자〉는 구입 즉시 분책하여 사용할 수 있도록 매주 학습할 분량이 별도의 책으로 특수제본(4in1시스템)되어 있습니다. 보통 책은 1번 제본하는 것으로 끝나지만 〈기탄한자〉는 무려 5번의 제본 과정을 거쳐 제작되었습니다. 각 호가 끝날 때마다 새 책으로 공부하게 되므로 아이에게 성취감과 기대감을 갖게 하고 학습 효과도 극대화시켜 줍니다.

4. 매일 일정한 시간에 규칙적으로 학습하게 하세요.

하루 5~10분을 학습하더라도 규칙적으로 학습하는 것이 중요합니다. 1호 분량이 1주일(5일) 학습 분량이므로 한번에 억지로 하지 않게 하고, 반대로 너무 많은 양을 한꺼번에 하는 것도 좋지 않습니다. 어렸을 때부터 조금씩 매일매일 공부하는 습관을 길러 주도록 합니다.

5. 부모님이 직접 지도해 주세요.

〈기탄한자〉는 교사 방문 학습지와는 달리 아이 스스로 공부하고 부모님이 체크하는 자율적인 학습 모델을 채택하고 있습니다. 따라서 타 학습지 회사에서는 지도교사에게만 제공하는 지도 지침을 해당 호에 상세히 실었습니다. 각 호의 첫 장에 실린 '이렇게 도와주세요', '이번 주 학습포인트'에서는 한 주 동안의 지도 요점이 기재되어 있고, 각 페이지의 하단에도 지도 요점, 주의 사항 등을 기재하였습니다. 학부모님들이 〈기탄한자〉의 기획의도, 학습목표, 지도방법 등을 쉽게 이해하고 아이들에게 가르치기 편하도록 최대한 배려하였습니다.

6. 이미 익힌 한자는 아이가 실생활 속에서 활용하게 하세요.

아이가 이미 익힌 한자는 실생활 속에서 최대한 많은 사용 기회를 갖게 해 줍니다. 알았던 한자도 오랫동안 사용하지 않으면 잊혀지게 됩니다. 학습된 한자를 신문, 책, 대중매체, 인쇄물 등을 활용하여 확인하게 하고 글을 쓸 때 알고 있는 한자로 표현해 볼 기회를 자주 갖도록 합니다.

단계별 학습 한자와 한자능력검정시험 급수 배정 안내

단계	학습 한자	급수 응시 가이드
A단계	• 8급 : 山, 日, 月, 火, 水, 木, 金, 土, 一, 二, 三, 四, 五, 六, 七, 八, 九, 十, 人, 大, 小, 中 • 7급 : 川, 百, 千, 口, 手, 足, 力, 上, 下 • 6급·6급II : 目, 石 • 5급 : 耳 • 4급II : 田, 玉	A단계에서는 상형자, 지사자 중심의 기초한자 36자를 익혔습니다. 이는 한자능력검정시험 배정한자 중 **8급, 7급 배정한자 31자**와 **상위급수 한자 5자**가 포함됩니다. 학습자의 학년, 나이, 학습수용도에 따라 8급, 7급 이내에서 응시용 수험서(기탄급수한자 빨리따기)로 준비한 후 자격증 취득에 도전해 보세요.
B단계	• 8급 : 父, 母, 生, 門, 王, 白, 女 • 7급 : 子, 心, 車, 自, 工, 主, 里, 草, 花, 男, 夕, 面 • 6급·6급II : 身, 風 • 5급 : 牛, 士, 己, 魚, 雨, 馬 • 4급II : 羊, 鳥, 竹, 齒 • 4급 : 犬, 册, 舌 • 3급II : 刀 • 3급 : 貝	B단계에서는 상형자, 지사자 중심의 기초한자 36자를 익혔습니다. 이는 A단계 학습 한자부터 누적하면 한자능력검정시험 배정한자 중 **8급, 7급 배정한자 50자**와 **상위급수 한자 22자**가 포함됩니다. 학습자의 학년, 나이, 학습수용도에 따라 8급, 7급 이내에서 응시용 수험서(기탄급수한자 빨리따기)로 준비한 후 자격증 취득에 도전해 보세요.
C단계	• 8급 : 兄, 弟, 外 • 7급 : 文, 少, 出, 入, 內, 來, 立, 天, 地, 江, 食, 方, 左, 右 • 6급·6급II : 言, 才, 交, 多, 光, 明, 行, 角, 古, 今, 衣, 向, 本, 分, 合 • 5급 : 化, 友, 去, 河, 臣, 兵, 卒, 末 • 4급II : 血, 肉, 步, 毛, 蟲 • 4급 : 君 • 3급II : 坐, 皮	C단계에서는 형성자, 회의자를 중심으로 48자의 기초한자를 익혔습니다. 이는 A단계 학습 한자부터 누적하면 한자능력검정시험 배정한자 중 **7급 배정한자 67자, 6급·6급II 배정한자 86자**와 **상위급수 한자 34자**를 익혔습니다. 학습자의 학년, 나이, 학습수용도에 따라 7급, 6급·6급II 이내에서 응시용 수험서(기탄급수한자 빨리따기)로 준비한 후 자격증 취득에 도전해 보세요.
D단계	• 8급 : 靑, 長, 國, 東, 西, 南, 北 • 7급 : 色, 住, 所, 姓, 名, 有, 平, 老, 正, 直, 孝, 前, 後, 道, 全, 世, 家 • 6급·6급II : 音, 利, 用, 公, 意, 弱, 短, 界, 聞, 童 • 5급 : 赤, 無, 思, 止, 法, 完, 善, 惡, 見, 兒 • 4급II : 貧, 富, 忠, 走	D단계에서는 형성자, 회의자를 중심으로 48자의 기초한자를 익혔습니다. 이는 A단계 학습 한자부터 누적하면 한자능력검정시험 배정한자 중 **7급 배정한자 91자, 6급·6급II 배정한자 120자**와 **상위급수 한자 48자**를 익혔습니다. 학습자의 학년, 나이, 학습수용도에 따라 7급, 6급·6급II 이내에서 응시용 수험서(기탄급수한자 빨리따기)로 준비한 후 자격증 취득에 도전해 보세요.
E단계	• 8급 : 寸, 民, 先, 年, 軍 • 7급 : 市, 同, 不, 字, 命, 祖 • 6급·6급II : 京, 各, 由, 失, 反, 共, 幸, 表, 形, 和, 別, 章 • 5급 : 品, 具, 曲, 可, 原, 因, 告, 首, 元, 必, 知, 加, 相, 再 • 4급II : 求, 回, 非, 未, 味, 香, 星, 單 • 4급 : 巨, 居, 異	E단계에서는 형성자, 회의자를 중심으로 48자의 필수한자를 익혔습니다. 이는 A단계 학습 한자부터 누적하면 한자능력검정시험 배정한자 중 **7급 배정한자 102자, 6급·6급II 배정한자 143자**와 **상위급수 한자 73자**를 익혔습니다. 학습자의 학년, 나이, 학습수용도에 따라 6급·6급II, 5급 이내에서 응시용 수험서(기탄급수한자 빨리따기)로 준비한 후 자격증 취득에 도전해 보세요.
F단계	• 8급 : 室, 校 • 7급 : 休, 安, 海, 林, 村, 洞, 便, 記, 語 • 6급·6급II : 信, 洋, 定, 注, 作, 使, 代, 感, 計, 始, 雪 • 5급 : 仙, 宅, 漁, 洗, 他, 位, 客, 材, 決, 流, 念, 情, 性, 雲 • 4급II : 官, 容, 俗, 保, 守, 志, 想, 詩, 進, 造, 好 • 4급 : 仁	F단계에서는 형성자, 회의자를 중심으로 48자의 필수한자를 익혔습니다. 이는 A단계 학습 한자부터 누적하면 한자능력검정시험 배정한자 중 **7급 배정한자 113자, 6급·6급II 배정한자 165자**와 **상위급수 한자 99자**를 익혔습니다. 학습자의 학년, 나이, 학습수용도에 따라 6급·6급II, 5급 이내에서 응시용 수험서(기탄급수한자 빨리따기)로 준비한 후 자격증 취득에 도전해 보세요.
G단계	• 8급 : 學 • 7급 : 夫, 重, 活, 動, 時, 間, 空, 氣, 事, 問, 答, 登, 場, 春, 夏, 秋, 冬, 物, 電 • 6급·6급II : 果, 美, 夜, 成, 功, 者, 集, 現, 在, 社, 會, 部, 省, 溫, 愛, 病, 死, 發, 書, 高, 苦, 樂, 朝, 理, 習 • 5급 : 實, 要, 景, 商, 技, 能, 貴, 敬, 件, 賞 • 4급II : 婦, 得, 協, 低, 眞	G단계에서는 형성자, 회의자를 중심으로 60자의 필수한자를 익혔습니다. 이는 A단계 학습 한자부터 누적하면 한자능력검정시험 배정한자 중 **7급 배정한자 133자, 6급·6급II 배정한자 210자**와 **상위급수 한자 114자**를 익혔습니다. 학습자의 학년, 나이, 학습수용도에 따라 6급·6급II, 5급 이내에서 응시용 수험서(기탄급수한자 빨리따기)로 준비한 후 자격증 취득에 도전해 보세요.

※ 이 표는 기탄한자 학습 후 한자능력검정시험 자격증 취득의 연계를 위한 지침입니다. 학습자의 학습경험이나 상태에 따라 개별적인 지침이 달라질 수 있습니다.

A2집
49a-60a

5호

기탄한자 A단계 2집 **49a~60a**

4 in 1 시스템

기탄한자는 학습효과를 극대화하기 위해 매주 학습할 분량이 별도의 책으로 특수제본되어 있습니다.

본 교재는 1권의 책 속에 1주일 학습할 분량의 교재 4권이 들어 있는 4 in 1 시스템으로 제본되어 있습니다. 따라서 4권의 책으로 분리되는 것이 정상적인 제본이며, 호별로 빼내어 학습하시면 아주 효과적입니다.

그림으로 익히고 놀이로 기억하는 입체 한자 학습 프로그램

기탄®한자

A2집
5호
49a-60a

공부한 날 월 일 ~ 월 일
　　　　　(원)교　　　　반
이름　　　　　전화

www.gitan.co.kr

기초 탄탄한 교육 · 기초 탄탄한 학습
기탄교육

 # A단계에서 배울 한자입니다.

	A단계						
1집	山, 川, 日	2집	一, 二, 三	3집	十, 百, 千	4집	田, 石, 玉
	月, 火, 水		四, 五, 六		耳, 目, 口		力, 大, 小
	木, 金, 土		七, 八, 九		人, 手, 足		上, 中, 下
	복습		복습		복습		복습

※ 매주마다 학습한 한자를 누적하여 읽어 보세요.

학습진단 관리표

	훈음 읽기	훈음 쓰기	한자 쓰기	한자어 읽기	이번 주는?			
금주평가	Ⓐ 아주 잘함	Ⓐ 아주 잘함	Ⓐ 아주 잘함	Ⓐ 아주 잘함	● 학습방법	❶ 매일매일	❷ 가끔	❸ 한꺼번에 하였습니다.
	Ⓑ 잘함	Ⓑ 잘함	Ⓑ 잘함	Ⓑ 잘함	● 학습태도	❶ 스스로 잘	❷ 시켜서 억지로 하였습니다.	
	Ⓒ 보통	Ⓒ 보통	Ⓒ 보통	Ⓒ 보통	● 학습흥미	❶ 재미있게	❷ 싫증내며 하였습니다.	
	Ⓓ 노력해야 함	Ⓓ 노력해야 함	Ⓓ 노력해야 함	Ⓓ 노력해야 함	● 교재내용	❶ 적합하다고	❷ 어렵다고	❸ 쉽다고 하였습니다.

지도 교사가 부모님께   부모님이 지도 교사께

종합평가	Ⓐ 아주 잘함	Ⓑ 잘함	Ⓒ 보통	Ⓓ 노력해야 함

A2집
49a-60a

이번 주에는 一(하나 일), 二(둘 이), 三(셋 삼)을 배워요.

이렇게 **도와** 주세요

1일차 49a~50b
- 지난 호에서 학습한 木, 金, 土를 복습합니다.
- 동화를 읽고 一, 二, 三의 뜻을 이야기해 봅니다.
- 한자 카드나 받아쓰기로 앞서 배운 한자를 복습합니다.

2일차 51a~53b
- 一, 二, 三은 숫자가 나타내는 양 자체가 문자화되었으므로 수량과 연관하여 익히게 합니다.

3일차 54a~55b
- 한자의 3요소와 그림 한자, 자원의 변화를 재미있는 방법으로 학습합니다.
- 54b에서는 그림 한자의 뜻이 되는 부분을 먼저 찾아보게 합니다.

4일차 56a~57b
- 숨어 있는 한자 찾기, 도형으로 이루어진 한자 찾기 등을 통한 방법으로 단순히 쓰고 암기하는 방식이 아닌 응용력을 키우도록 지도합니다.

5일차 58a~60a
- 一, 二, 三 학습을 마무리하고 한자 보따리와 재미로 놀기를 통하여 흥미를 느끼게 지도합니다.
- 한자 카드는 고리에 끼워서 모아 두고 매일 잠깐씩 보여 줍니다.

다시 보기

✏️ 그림 한자를 보고 빈 칸에 알맞게 쓰세요.

木 　□를 뜻합니다.
　　□(목) 이라고 읽습니다.

金 　□(쇠)를 뜻합니다.
　　□ 이라고 읽습니다.

土 　□을 뜻합니다.
　　□ 라고 읽습니다.

● 金의 뜻은 '쇠'와 '성씨'이지만 그림으로 '쇠'만 표현했으므로 '금'으로 소리를 쓰는지 확인합니다.

📝 한자와 뜻을 이어 보고 빈 칸에 알맞은 소리를 쓰세요.

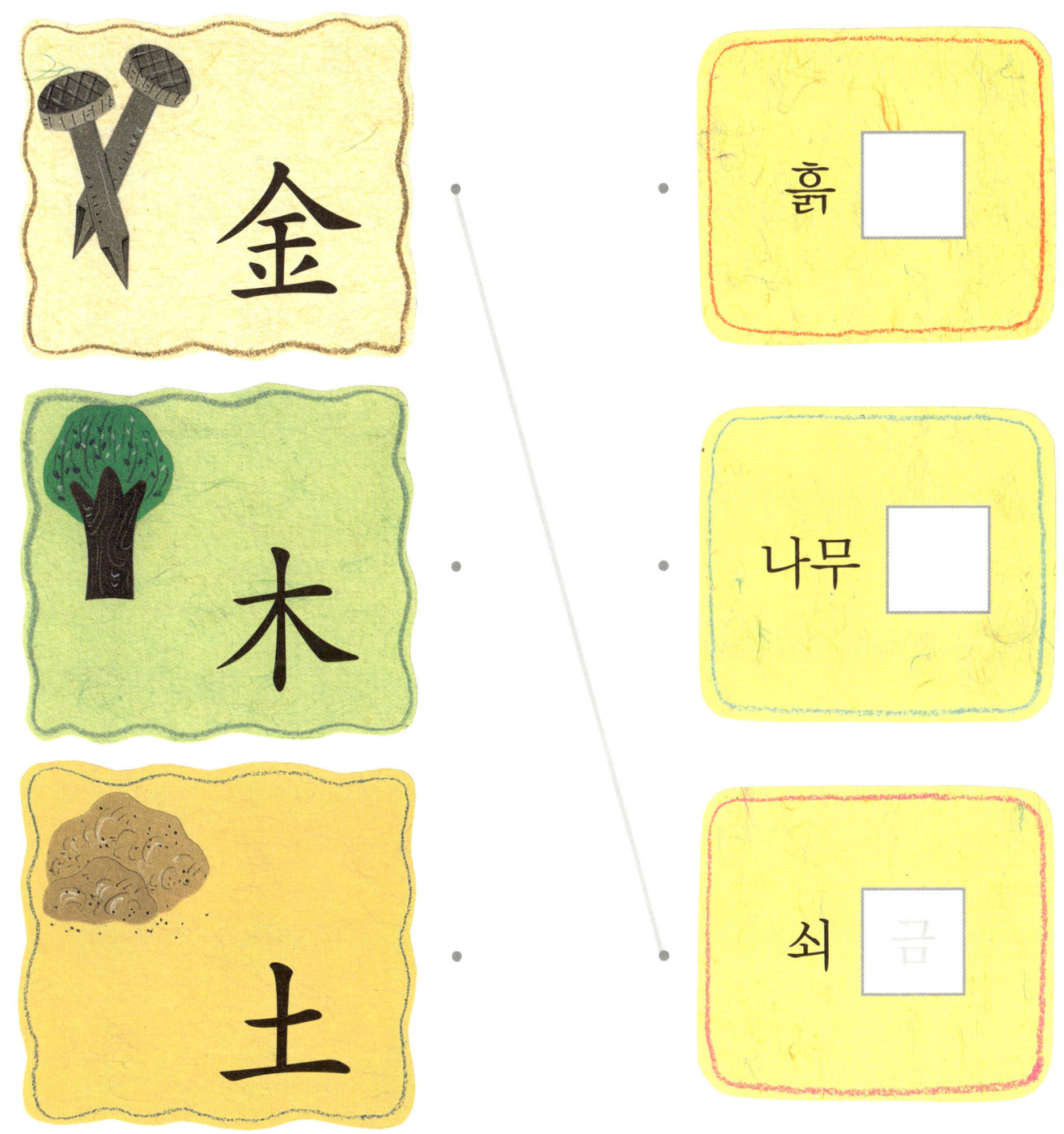

• 金은 성씨를 나타낼 경우 '김' 으로 읽습니다.

어떤 한자를 배울까요? 동화를 읽고 스티커를 붙여 알아보세요.

오리네 수 세기

오리네 가족이 나들이를 갑니다.
엄마 오리가 힘차게 수를 세었어요.
"하나(一), 둘(二), 셋(三)!"
아기 오리들도 큰 소리로
"하나, 둘, 셋! 하낫, 뚤, 셋!"

● 이번 주에는 숫자를 나타내는 한자를 배웁니다. 수량을 아이가 직관적으로 알고 있어야 한자를 쉽게 받아들입니다.

엄마 오리가 노래 불렀어요.
"꽥 꽥, 꽥 꽥!"
아기 오리들도 신이 나
"꽥 꽥 꽥 꽥! 꽥 꽥 꽥 꽥!"

一 알아보기

🔊 빈 곳에 알맞은 스티커를 붙이고 한자의 뜻과 소리를 읽어 보세요.

뜻 : 하나   소리 : 일

📖 一이 만들어진 유래를 알아보고 한자 스티커를 붙이세요.

하나의 가로선을 그어 하나의 양을 나타낸 한자입니다.

✏️ 순서대로 써 보세요.

● 하나의 사물이 곧 문자가 되었음을 설명해 주세요. 숫자 '1'과 한글 '일', 한자 '一'이 서로 같음을 이해하게 합니다.

알맞은 뜻, 소리, 모양을 찾아 ○하세요.

- 一의 뜻은 (하나) 둘 입니다.
- 一의 소리는 이 (일) 입니다.
- 하나 일의 모양은 (一) 二 입니다.

一이 쓰인 한자어를 찾아 ○하세요.

土地

(一등)

등山

(통一)일

필순에 맞게 一을 써 보세요.

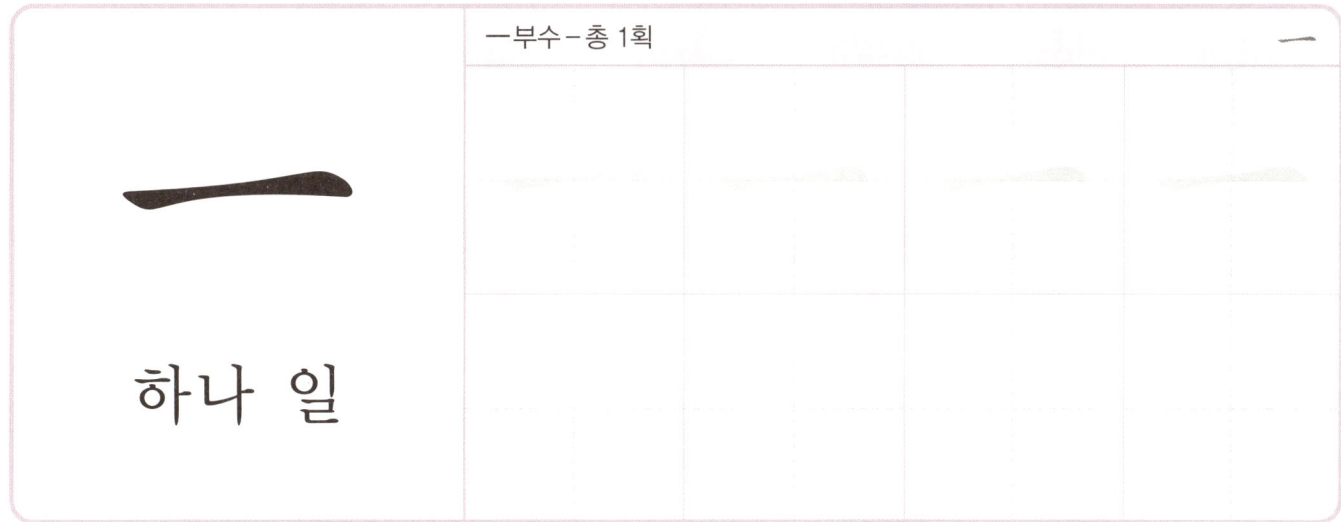

一부수 – 총 1획

하나 일

● 一의 뜻, 소리를 붙여서 읽을 때는 '한 일'이라 하지만 유아, 저학년에게는 뜻은 '하나', 소리는 '일'로 구분해 줍니다.

🔊 빈 곳에 알맞은 스티커를 붙이고 한자의 뜻과 소리를 읽어 보세요.

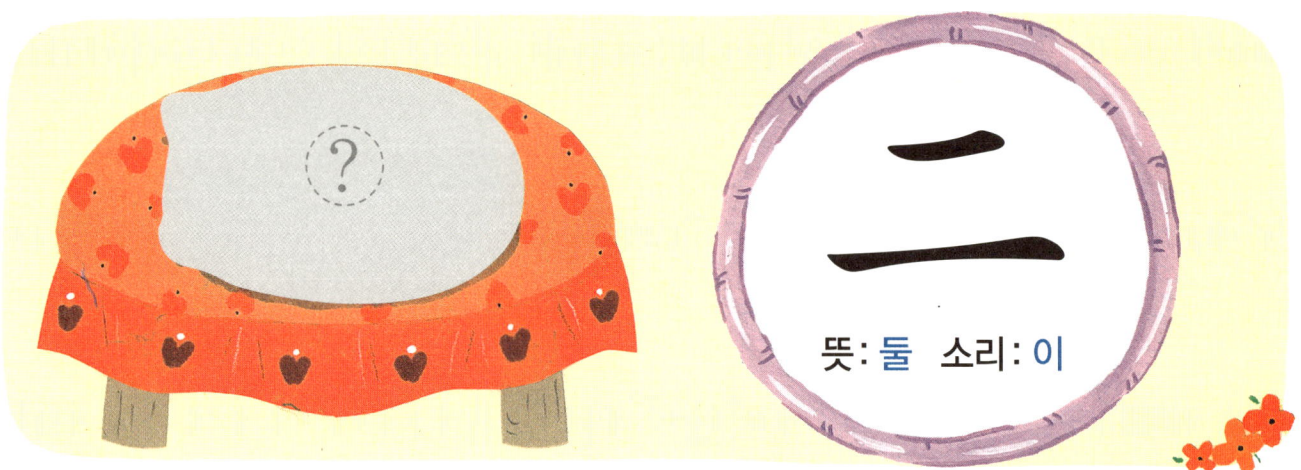

뜻: 둘 소리: 이

📝 二가 만들어진 유래를 알아보고 한자 스티커를 붙이세요.

두 개의 막대가 나란히 놓여 있는 모습을 본뜬 한자입니다.

✏️ 순서대로 써 보세요.

• 그림으로 표현된 二의 변천 과정을 따라 그리면서 한자의 변형된 모양을 이해하도록 합니다.

📝 알맞은 뜻, 소리, 모양을 찾아 ◯하세요.

- 二의 뜻은 둘 셋 입니다.

- 二의 소리는 이 일 입니다.

- 둘 이의 모양은 三 二 입니다.

📝 二가 쓰인 한자어를 찾아 ◯하세요.

二층

통일

二학년

火재

📝 필순에 맞게 二를 써 보세요.

二부수-총 2획

二
둘 이

• 처음 뜻, 소리를 읽힐 때는 '둘'과 '이'로 분리해서 익히고 뜻, 소리가 이해된 후에 '두 이'로 연음해서 말합니다. '둘 이'라고 말해도 무관합니다.

三 알아보기

🔊 빈 곳에 알맞은 스티커를 붙이고 한자의 뜻과 소리를 읽어 보세요.

뜻 : 셋   소리 : 삼

📄 三이 만들어진 유래를 알아보고 한자 스티커를 붙이세요.

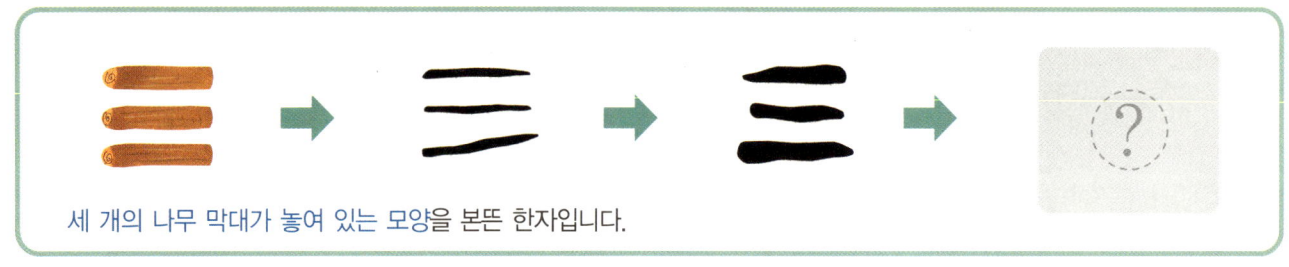

세 개의 나무 막대가 놓여 있는 모양을 본뜬 한자입니다.

✏️ 순서대로 써 보세요.

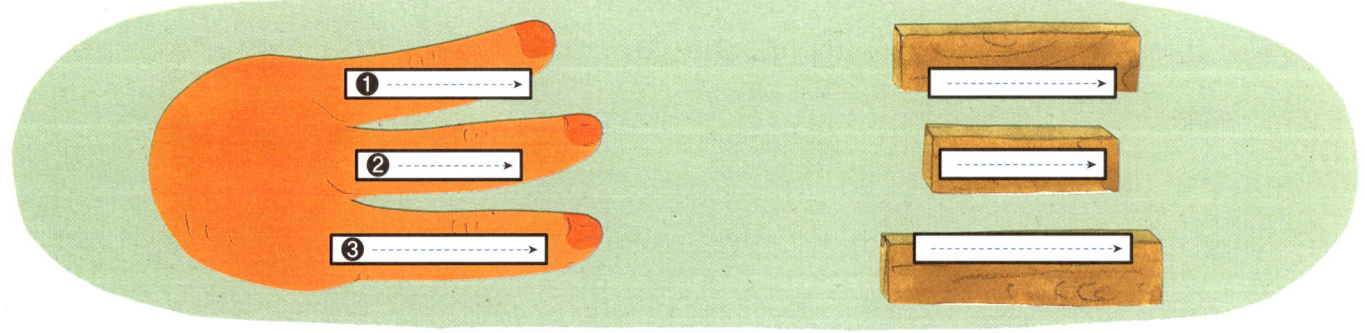

• 三의 훈음을 붙여 읽을 때는 '석 삼'으로 읽습니다.

✏️ 알맞은 뜻, 소리, 모양을 찾아 ◯하세요.

- 三의 뜻은 넷 셋 입니다.
- 三의 소리는 삼 사 입니다.
- 셋 삼의 모양은 川 三 입니다.

✏️ 三이 쓰인 한자어를 찾아 ◯하세요.

식木일

三각형

三총사

木수

✏️ 필순에 맞게 三을 써 보세요.

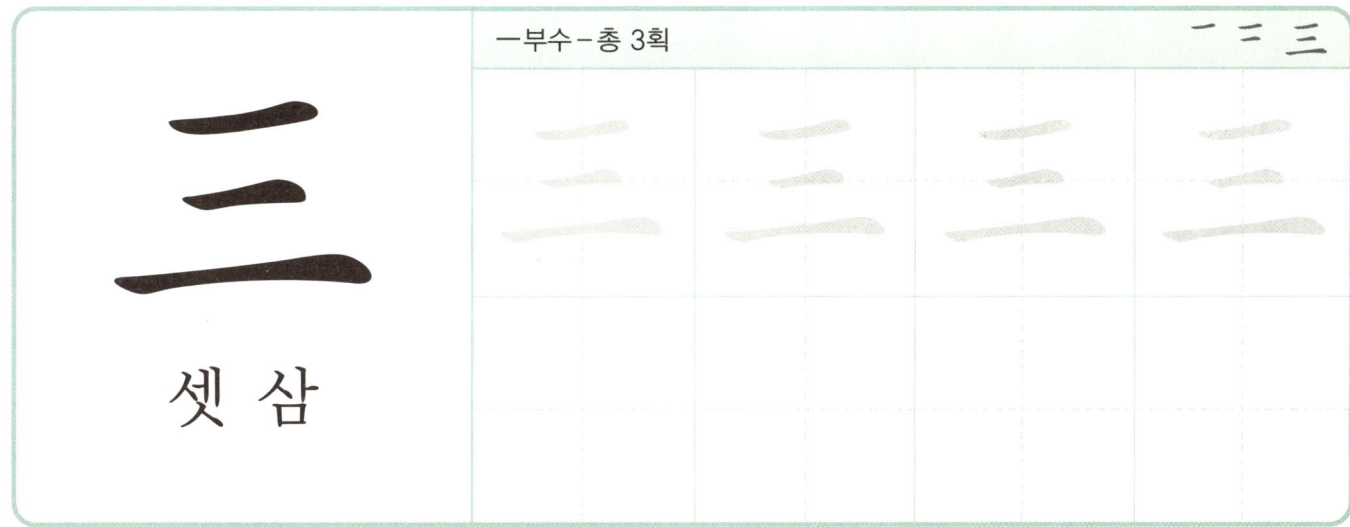

• 뜻과 소리를 구분하여 연습하고 三이 삼각형, 삼총사 이외에 어떤 말에 쓰이는지 이야기하도록 합니다. (예:삼일절, 삼거리…)

다지기

한자의 뜻과 소리를 바르게 찾아가세요.

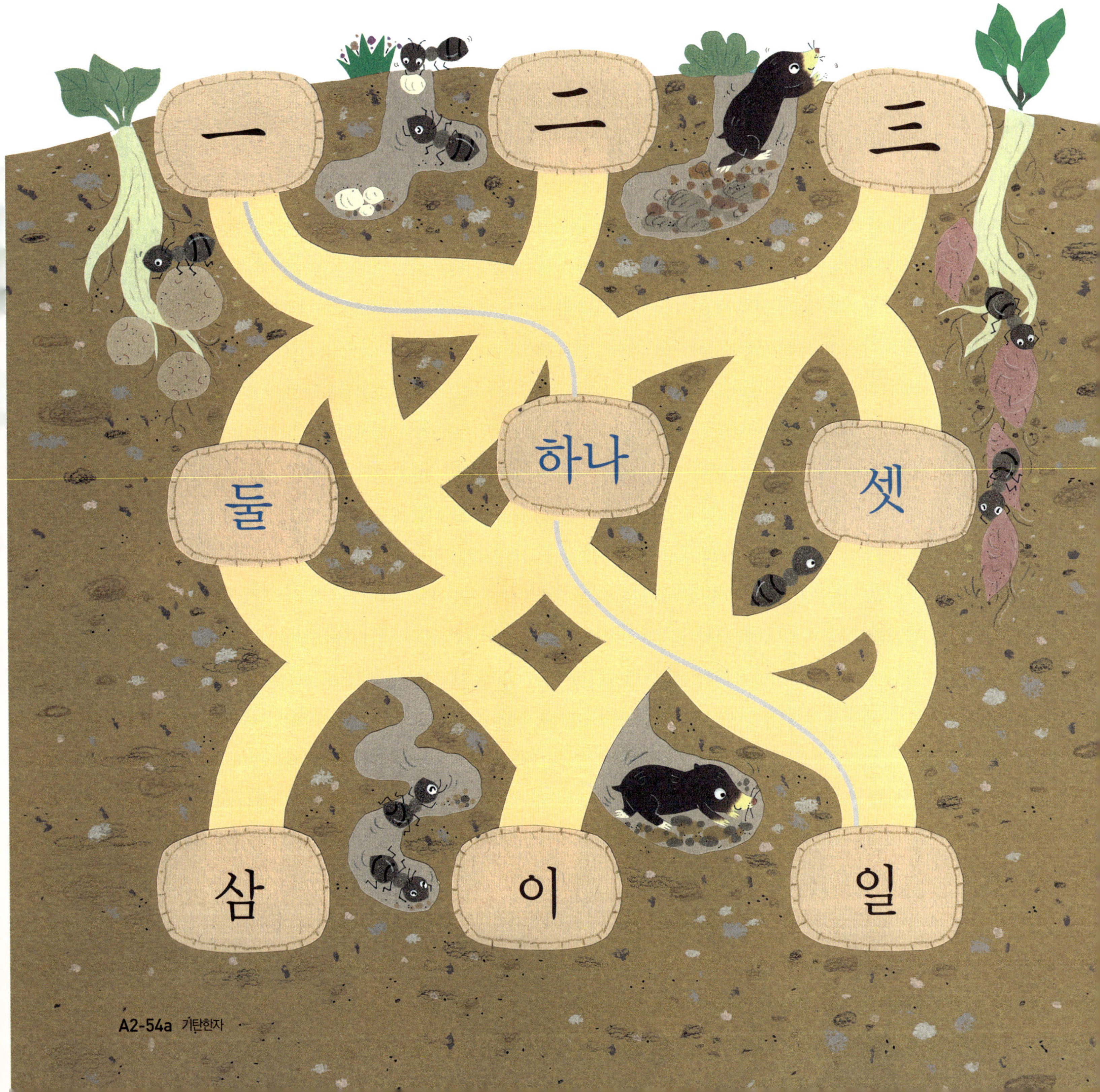

같은 한자끼리 연결하고 뜻과 소리를 쓰세요.

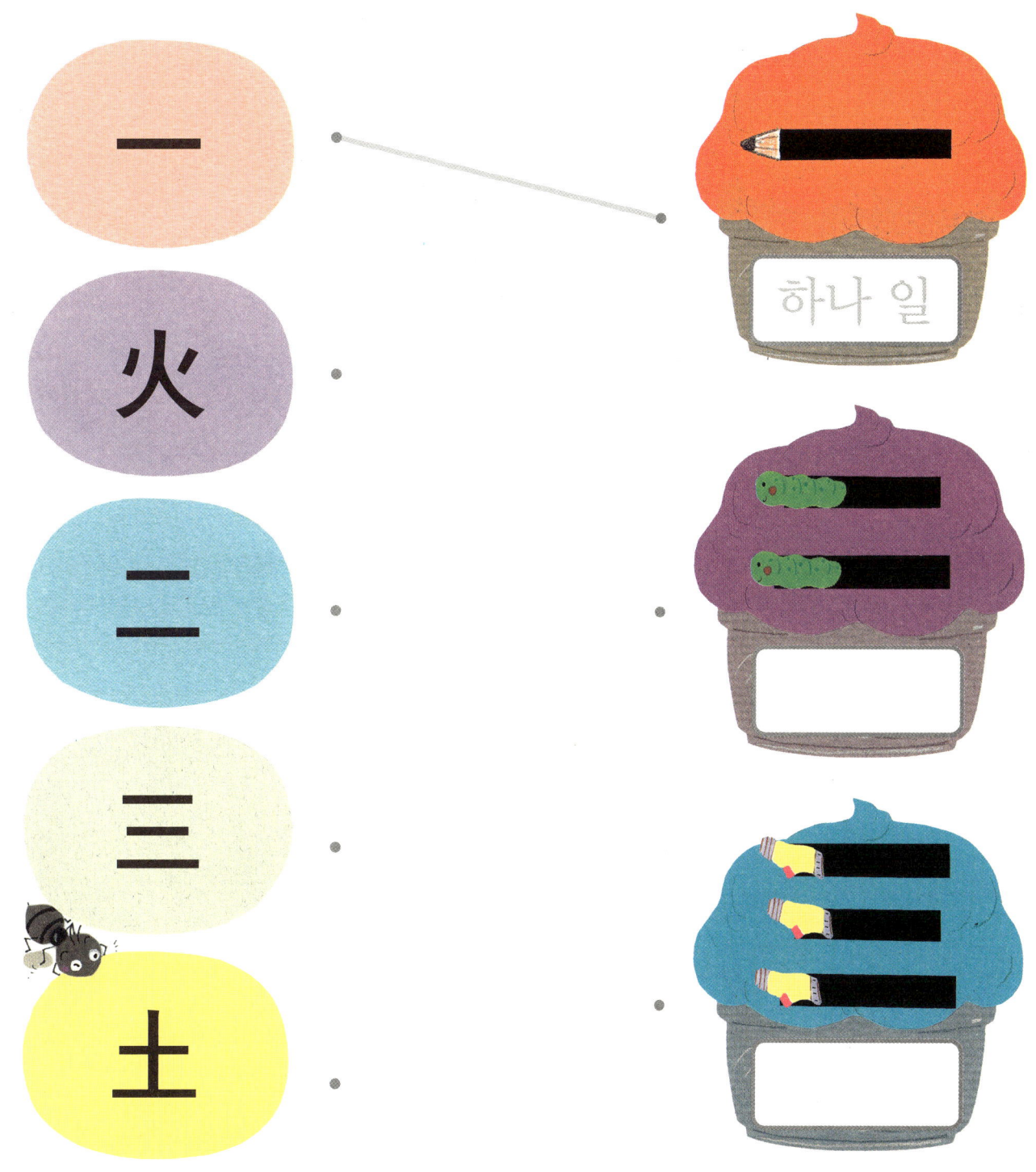

이번 주에 배운 한자가 숨어 있어요. 숨어 있는 한자를 찾아 아래에 쓰세요.

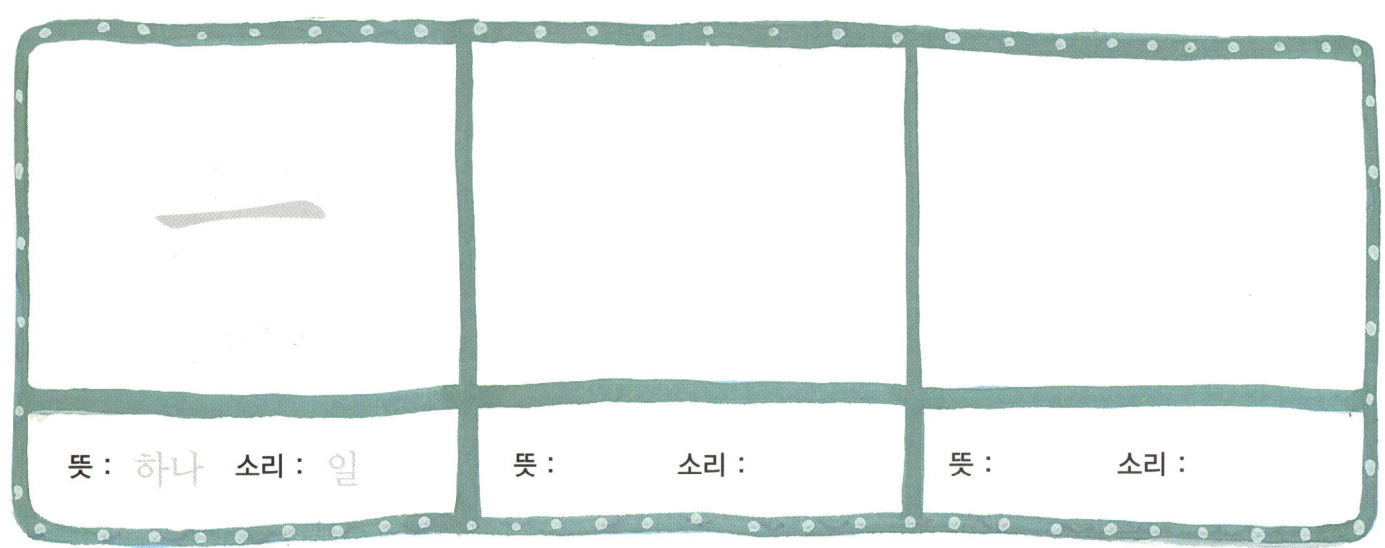

一		
뜻: 하나 소리: 일	뜻: 소리:	뜻: 소리:

● 아이가 한자의 숨겨진 모양을 써내지 못하는 경우 앞쪽이나 한자 카드 등을 보고 쓰도록 합니다.

빈 곳에 알맞은 스티커를 붙이고 한자를 쓰세요.

• 그림을 보고 한자를 유추하고, 자원의 변화를 인식하여 한자를 외우지 않고 이해하도록 합니다.

한자의 알맞은 뜻, 소리를 찾아 ○하세요.

• 학습 수용도가 양호한 아이는 해답 이외의 훈음에 한자를 써 보도록 합니다.

<보기>의 한자를 찾아 ○하세요.

<보기> 하나 일 흙 토 둘 이 불 화 셋 삼

한자의 뜻, 소리, 모양이 바르게 쓰인 길을 찾아가세요.

• 학습 수용도가 양호한 아이의 경우 뜻과 소리가 바르지 않은 곳을 찾아 바르게 고치는 연습을 해 봅니다.

●와 ■가 이루는 한자의 뜻과 소리를 쓰세요.

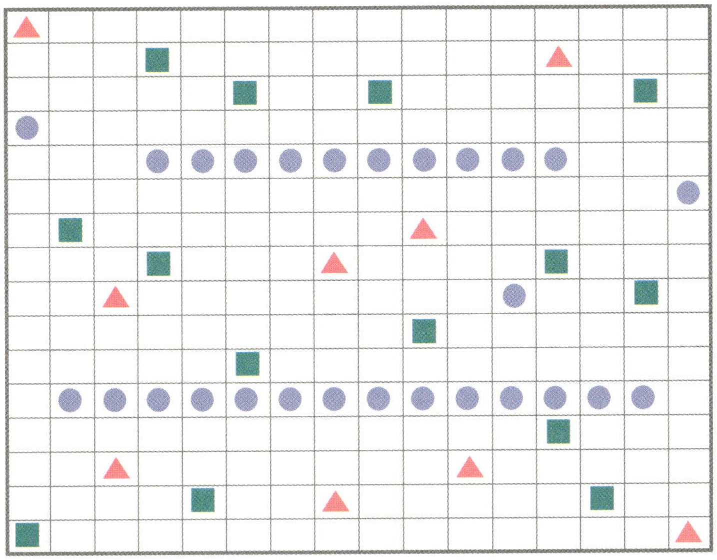

뜻:　　　소리:

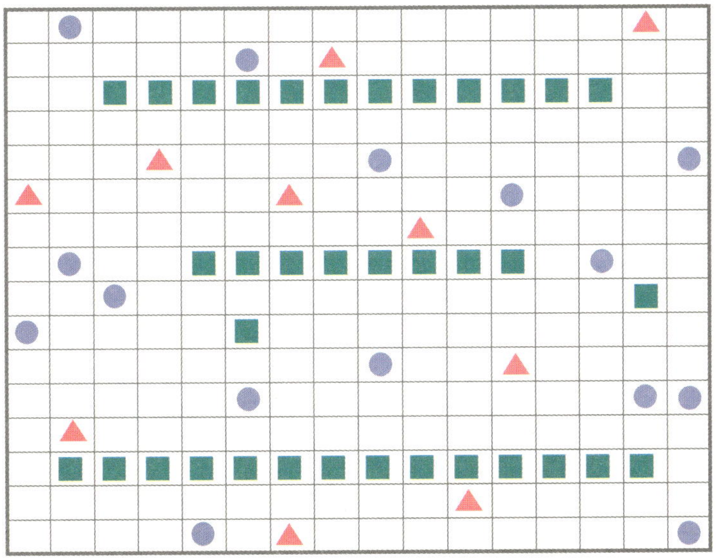

뜻:　　　소리:

• 도형으로 조합된 한자를 보고 한자의 모양을 추리하여 봅니다.

✏️ 필순에 맞게 한자를 쓰세요.

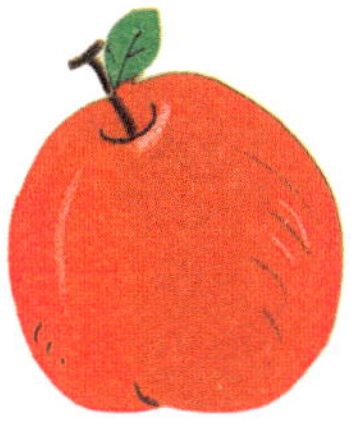

- 一, 二, 三의 뜻과 소리를 정리하고 위에서부터 아래로 써 나가는 필순 원칙을 이야기해 줍니다.

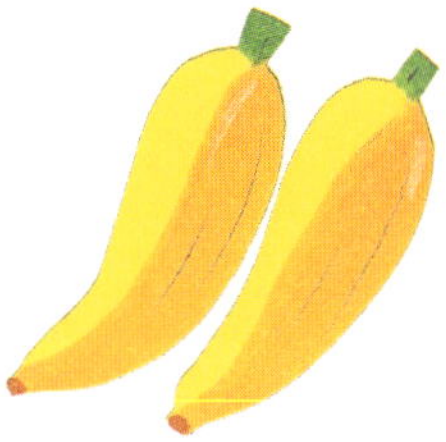

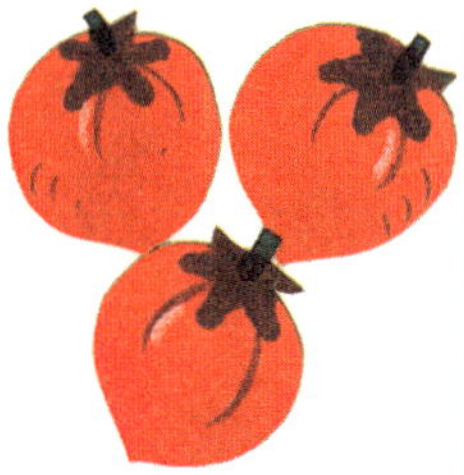

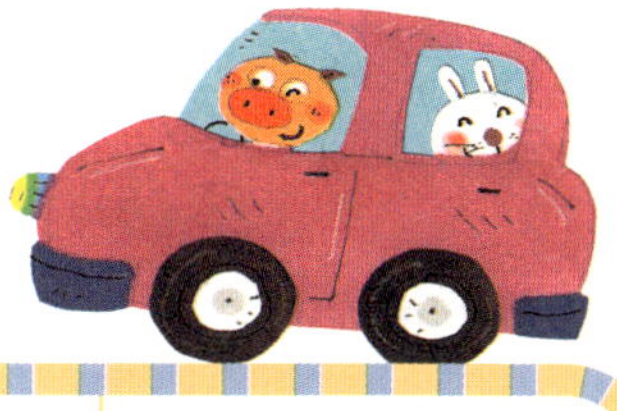

빈 칸에 알맞게 쓰세요.

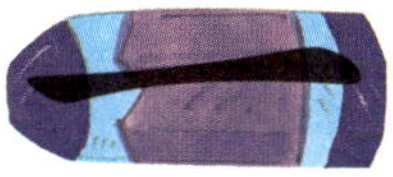	一			
하나 일	하나 일			
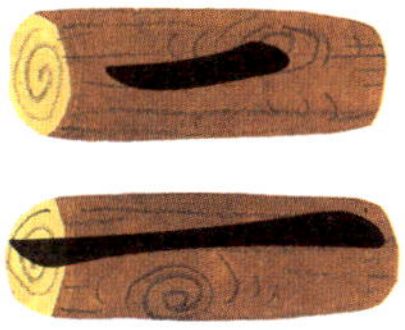				
둘 이				
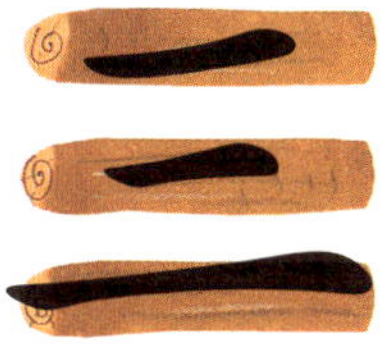				
셋 삼				

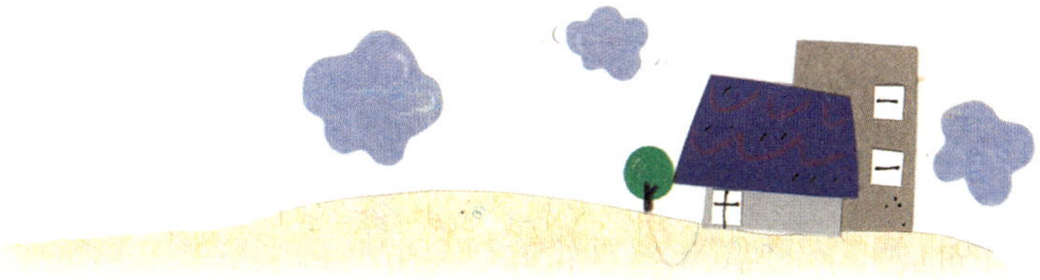

• 三은 가운데 획을 가장 짧게 써야 좋은 모양이 됩니다.

 漢字 보따리

한자의 필순

모든 문자를 쓸 때에는 항상 쓰는 순서와 방향이 있습니다.
예를 들어 한글 돌을 쓸 때는

돌 : ㄷ ㄷ 두 도 독 돌 돌 이러한 순서로 씁니다.

알파벳 A를 쓸 때도

A : / ∧ A 이러한 순서대로 씁니다.

이와 같이 한자에도 한자를 가장 쉽고 편하게 쓰기 위한 순서가 있습니다.
이를 필순이라고 합니다. 필순에 따라 한자를 쓰면 글자의 형태에 따라서 짜임새를
파악하기 쉽고 맵시 있는 한자를 쓸 수 있게 됩니다.
특히 옛날처럼 한자를 붓으로 쓰던 시대에는 필순의 방향이나 순서에 따라 붓의 모양이
달라졌으므로 필순은 한자 공부에 매우 중요한 요소가 되었습니다.
그러나 요즘은 한자를 붓으로 쓰는 일은 서예를 제외하고는 보기 드문 일이 되었습니다.
한자학습의 중요한 의미도 쓰기보다는 한자를 익혀 많은 어휘를 알고 독해력, 이해력,
어휘력 등을 키우는데 치중하고 있습니다.
이렇게 시대가 변하면서 필순이 갖는 의미도 많이 약해졌습니다. 그렇지만 몇 가지의 필순
원칙은 반드시 지켜서 한자를 쓰는 습관을 가져야 합니다.
그럼 반드시 지켜야 할 필순의 원칙에 대하여 알아볼까요?

-계속-

해답

A2집 49a-60a

49a

49b

50a

50b

51a

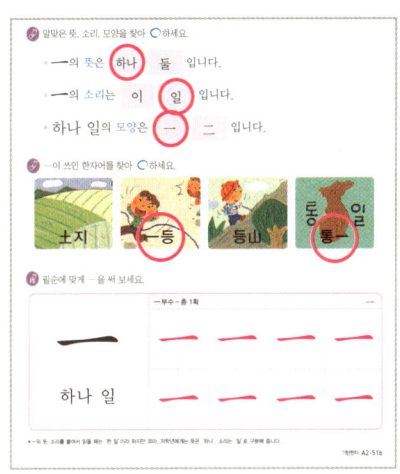
51b

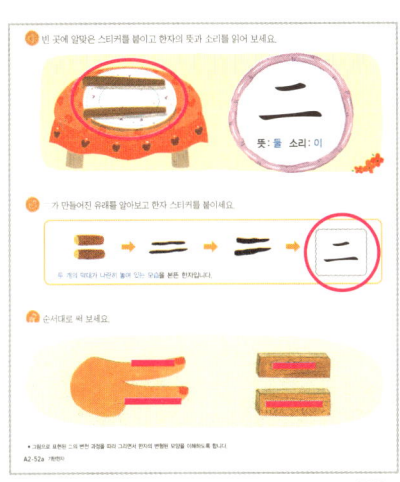
52a

52b

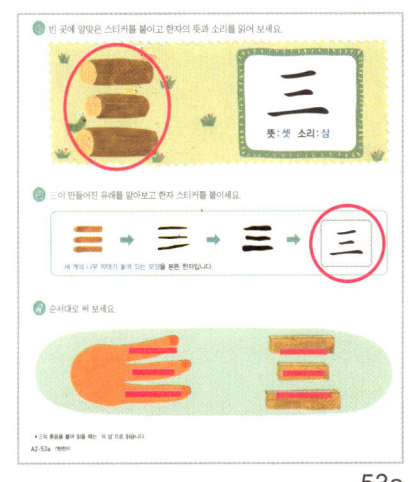
53a

기탄한자 A2-59b

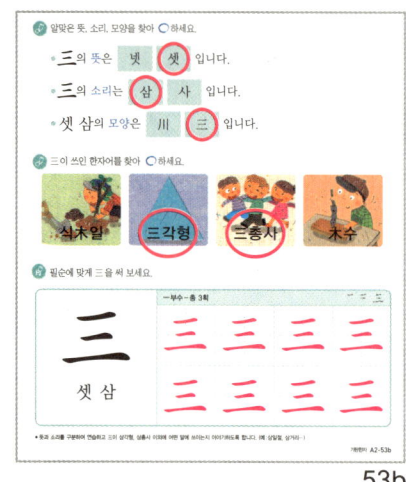
53b

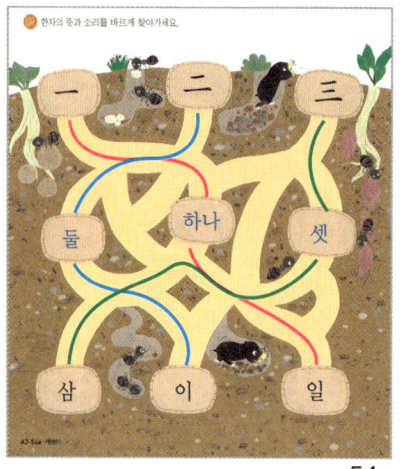
54a

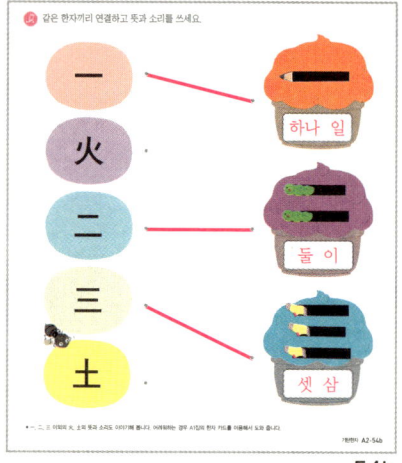
54b

55a

55b

56a

56b

57a

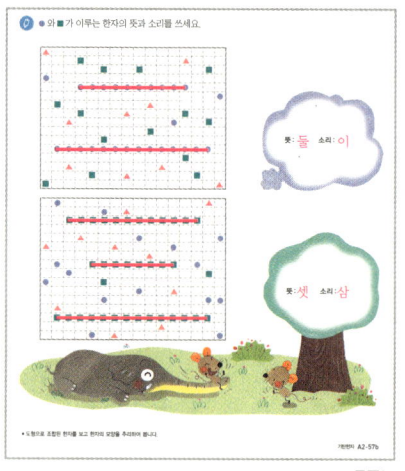
57b

 一

 二

 三

 一 二 三

기탄한자 A2집 5호 한자 카드

二 둘 이	一 하나 일
一 하나 일 二 둘 이 三 셋 삼	三 셋 삼

기탄한자 A2집 5호

一等

二層

三角形

 一等

 二層

 三角形

기탄한자 A2집 5호 한자어 카드

이층
두 번째의 층

二:둘 이   層:층 층

기탄한자 A2집 5호

일등
순위, 등급에서 첫째

一:하나 일   等:무리 등

기탄한자 A2집 5호

 일등

 이층

 삼각형

기탄한자 A2집 5호

삼각형
일직선 상에 있지 않은
세 개의 점을 세 직선으로
연결하여 이루어진 도형

三:셋 삼   角:뿔 각
形:모양 형

기탄한자 A2집 5호

하나 일

둘 이

셋 삼

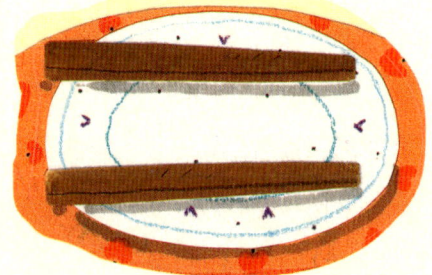

一

二

三

재미로 놀기

좋아하는 색을 칠해 그림을 완성하세요.

펴낸이 : 정지향
펴낸곳 : (주)기탄교육
기획·편집·디자인 : 기탄교육연구소
주소 : 06698 서울특별시 서초구 효령로 40 기탄출판센터
등록 : 제2000-000098호
전화 : (02) 586-1007
팩스 : (02) 586-2337

※서점에 갈 시간이 없거나 구하기 어려운 분은 인터넷 또는 전화로 신청하세요. 즉시 우송해 드립니다.
● www.gitan.co.kr

ⓒ (주)기탄교육 All rights reserved.
저작권자의 동의 없이 본 교재를 무단으로 복제하거나 전재하는 것을 금합니다.

• 한자 카드 이렇게 놀아 주세요. ④

한자 더하기

낱낱의 한자를 익히고 난 다음, 아이들은 한자어를 익히게 됩니다.
지금까지 모아 놓은 한자 카드를 이용해서 한자어를 만드는 놀이를 해 보세요.

1 엄마는 모아 놓은 한자 카드를 가지고 냉장고 앞에 앉아요.

2 아이는 엄마가 한자 카드를 붙일 동안 뒤로 돌아서 앉아 있어요.

3 아이는 엄마가 붙인 한자 카드를 먼저 읽고, 뜻을 이야기해요.

• 준비물 – 한자 카드, 스카치 테이프 또는 냉장고 자석

5호에서 배운 한자를 다시 한번 써 보세요.

一 하나 일					

二 둘 이					

三 셋 삼					

6 호

기탄한자 A단계 2집 61a~72a

그림으로 익히고 놀이로 기억하는 입체 한자 학습 프로그램

기탄®한자

A2집
6호
61a-72a

공부한 날　월　일 ~ 월　일
　　　　　(원)교　　　반
이름　　　　전화

www.gitan.co.kr

기초 탄탄한 교육·기초 탄탄한 학습
기탄교육

A단계에서 배울 한자입니다.

A단계							
1집	山, 川, 日	2집	一, 二, 三	3집	十, 百, 千	4집	田, 石, 玉
	月, 火, 水		四, 五, 六		耳, 目, 口		力, 大, 小
	木, 金, 土		七, 八, 九		人, 手, 足		上, 中, 下
	복습		복습		복습		복습

※ 매주마다 학습한 한자를 누적하여 읽어 보세요.

학습진단관리표

	훈음 읽기	훈음 쓰기	한자 쓰기	한자어 읽기	이번 주는?
금주평가	Ⓐ 아주 잘함	Ⓐ 아주 잘함	Ⓐ 아주 잘함	Ⓐ 아주 잘함	● 학습방법 ❶ 매일매일 ❷ 가끔 ❸ 한꺼번에 하였습니다.
	Ⓑ 잘함	Ⓑ 잘함	Ⓑ 잘함	Ⓑ 잘함	● 학습태도 ❶ 스스로 잘 ❷ 시켜서 억지로 하였습니다.
	Ⓒ 보통	Ⓒ 보통	Ⓒ 보통	Ⓒ 보통	● 학습흥미 ❶ 재미있게 ❷ 싫증내며 하였습니다.
	Ⓓ 노력해야 함	Ⓓ 노력해야 함	Ⓓ 노력해야 함	Ⓓ 노력해야 함	● 교재내용 ❶ 적합하다고 ❷ 어렵다고 ❸ 쉽다고 하였습니다.
	지도 교사가 부모님께				부모님이 지도 교사께

종합평가	Ⓐ 아주 잘함	Ⓑ 잘함	Ⓒ 보통	Ⓓ 노력해야 함

이번 주에는 四 (넷 사), 五 (다섯 오), 六 (여섯 륙)을 배워요.

| 1일차 61a~62b | • 지난 호에서 학습한 一, 二, 三을 복습합니다.
• 동화를 읽고 四, 五, 六의 뜻을 이야기해 봅니다.
• 한자 카드나 받아쓰기로 앞서 배운 한자를 복습합니다. |

| 2일차 63a~65b | • 四, 五, 六도 수량을 알고 있을 때 쉽게 이해할 수 있습니다.
• 자원의 설명은 이외에도 다른 학설이 있음에 유의합니다. |

| 3일차 66a~67b | • 一, 二, 三은 가로줄로 수량을 나타낸 지사자입니다. 그래서 아이들이 쉽게 받아들이지만 四, 五, 六부터는 어려워할 수 있습니다. |

| 4일차 68a~69b | • 아라비아 숫자를 배울 때도 6 또는 7, 8 등을 매우 어려워하는 경우가 일반적입니다. 한자 또한 四, 五, 六을 어려워하는 경우 뜻과 소리 학습을 한 후 8호에서 다시 복습해도 무방합니다. |

| 5일차 70a~72a | • 四, 五, 六 학습을 마무리하고, 한자 보따리와 재미로 놀기를 통하여 흥미를 느끼게 지도합니다.
• 한자 카드는 고리에 끼워서 모아 두고 매일 잠깐씩 보여 줍니다. |

다시 보기

그림 한자를 보고 빈 칸에 알맞게 쓰세요.

| | 를 뜻합니다. |
| | 이라고 읽습니다. |

| | 을 뜻합니다. |
| | 라고 읽습니다. |

| | 을 뜻합니다. |
| | 이라고 읽습니다. |

● 연필 한 자루의 하나(一), 당근 두 개의 둘(二), 애벌레 세 마리의 삼(三)을 먼저 찾아보게 합니다.

한자와 뜻을 이어 보고 빈 칸에 알맞은 소리를 쓰세요.

어떤 한자를 배울까요? 동화를 읽고 스티커를 붙여 알아보세요.

사이좋은 친구

내가 좋아하는 친구들을 소개해 볼까?
사각형 필통 속 옹기종기 모여 있는
연필은 모두 **네(四)**자루야.

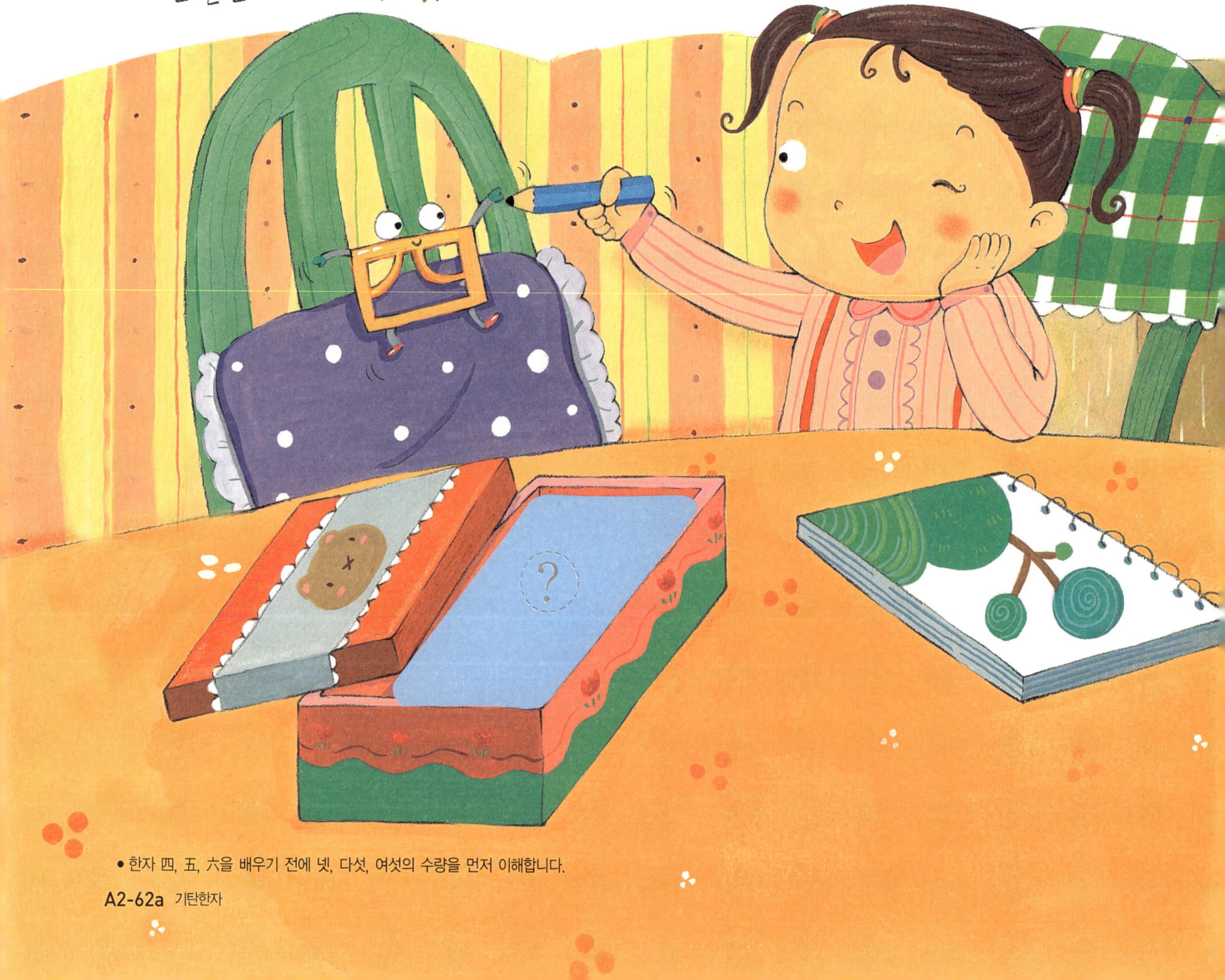

• 한자 四, 五, 六을 배우기 전에 넷, 다섯, 여섯의 수량을 먼저 이해합니다.

오각형 보물 상자 속 반짝반짝 놓여 있는 머리핀은
모두 **다섯**(五)개야.
육각형 통 속 새콤달콤 사탕은
모두 **여섯**(六)개야.
모양은 서로 다르지만
모두모두 사이좋은 내 친구들이야.

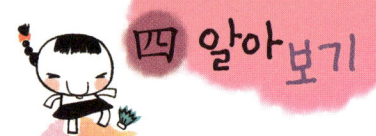 四 알아보기

🔊 빈 곳에 알맞은 스티커를 붙이고 한자의 뜻과 소리를 읽어 보세요.

뜻: 넷 소리: 사

📖 四가 만들어진 유래를 알아보고 한자 스티커를 붙이세요.

가로줄 네 개를 그어 넷을 나타내다가 짐승의 '코' 모양을 본뜬 한자를 빌어 만들어진 한자입니다.

✏️ 순서대로 써 보세요.

● 三까지는 가로줄로 한자를 나타냈지만, 四부터는 한자의 모양이 달라짐에 유의합니다.

- 알맞은 뜻, 소리, 모양을 찾아 ◯하세요.

  - 四의 뜻은 넷   셋 입니다.
  - 四의 소리는 사   삼 입니다.
  - 넷 사의 모양은 口   四 입니다.

- 四가 쓰인 한자어를 찾아 ◯하세요.

二학년

四방

등山

四계절

- 필순에 맞게 四를 써 보세요.

四 넷 사	口부수-총 5획			一 冂 冂 四 四
	四	四	四	四

- 四의 훈음을 붙여서 읽을 때는 '넷 사' 또는 '넉 사' 라고 읽습니다.

五 알아보기

🔊 빈 곳에 알맞은 스티커를 붙이고 한자의 뜻과 소리를 읽어 보세요.

뜻 : 다섯   소리 : 오

📝 五가 만들어진 유래를 알아보고 한자 스티커를 붙이세요.

직선을 교차시킨 모양으로 다섯을 나타낸 한자입니다.

✏️ 순서대로 써 보세요.

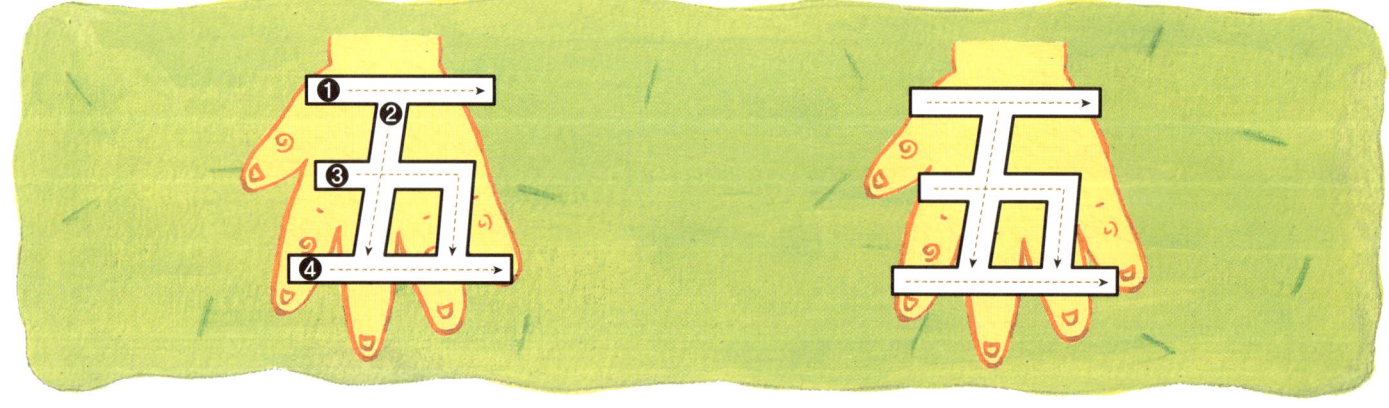

● 四, 五, 六부터는 가로줄로 나타내기엔 숫자가 커져서 불편했으므로 변형된 모양이 필요했습니다.

🎵 알맞은 뜻, 소리, 모양을 찾아 ◯하세요.

- 五의 뜻은 다섯   넷 입니다.
- 五의 소리는 우   오 입니다.
- 다섯 오의 모양은 二   五 입니다.

🎵 五가 쓰인 한자어를 찾아 ◯하세요.

오선지

火재

오월

황金

✏️ 필순에 맞게 五를 써 보세요.

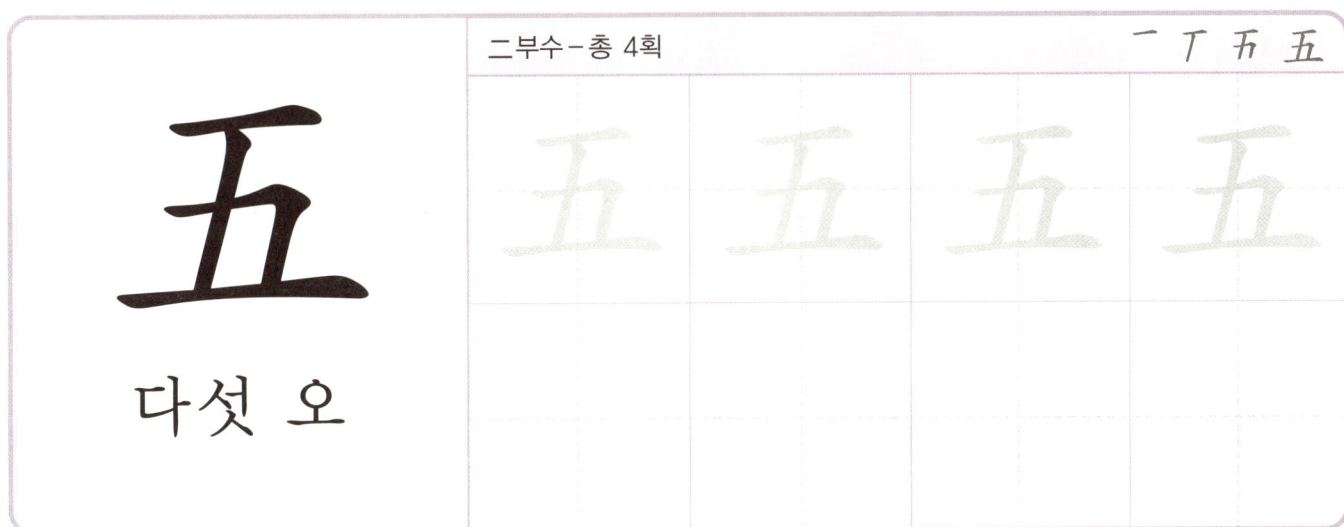

二부수-총 4획

五 다섯 오

- 필순이나 부수는 나이가 어릴 경우 지나치게 강조하지 않도록 합니다.

六 알아보기

🔊 빈 곳에 알맞은 스티커를 붙이고 한자의 뜻과 소리를 읽어 보세요.

뜻 : 여섯   소리 : 륙

📖 六이 만들어진 유래를 알아보고 한자 스티커를 붙이세요.

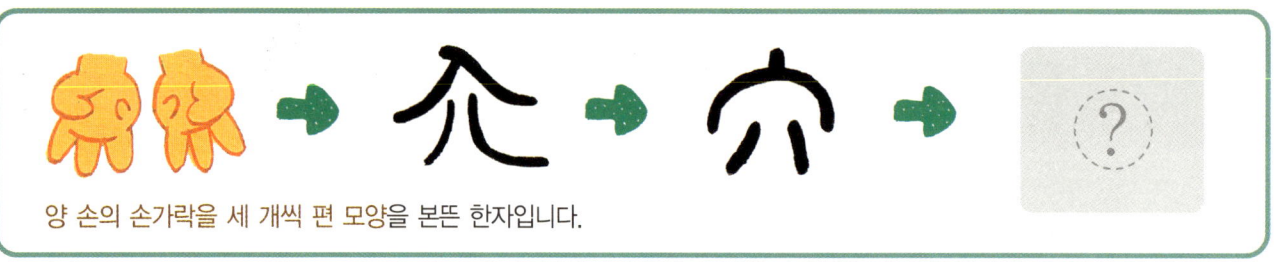

양 손의 손가락을 세 개씩 편 모양을 본뜬 한자입니다.

✏️ 순서대로 써 보세요.

• 六은 중국인들이 손으로 6을 표현할 때 엄지와 새끼 손가락을 펴고 가운데 세 손가락을 접는 모양을 본떠 만들었다는 견해도 있습니다.

알맞은 뜻, 소리, 모양을 찾아 ◯ 하세요.

- 六의 뜻은 여섯   다섯 입니다.
- 六의 소리는 오   륙 입니다.
- 여섯 륙의 모양은 八   六 입니다.

六이 쓰인 한자어를 찾아 ◯ 하세요.

六반

황金

六학년

木수

필순에 맞게 六을 써 보세요.

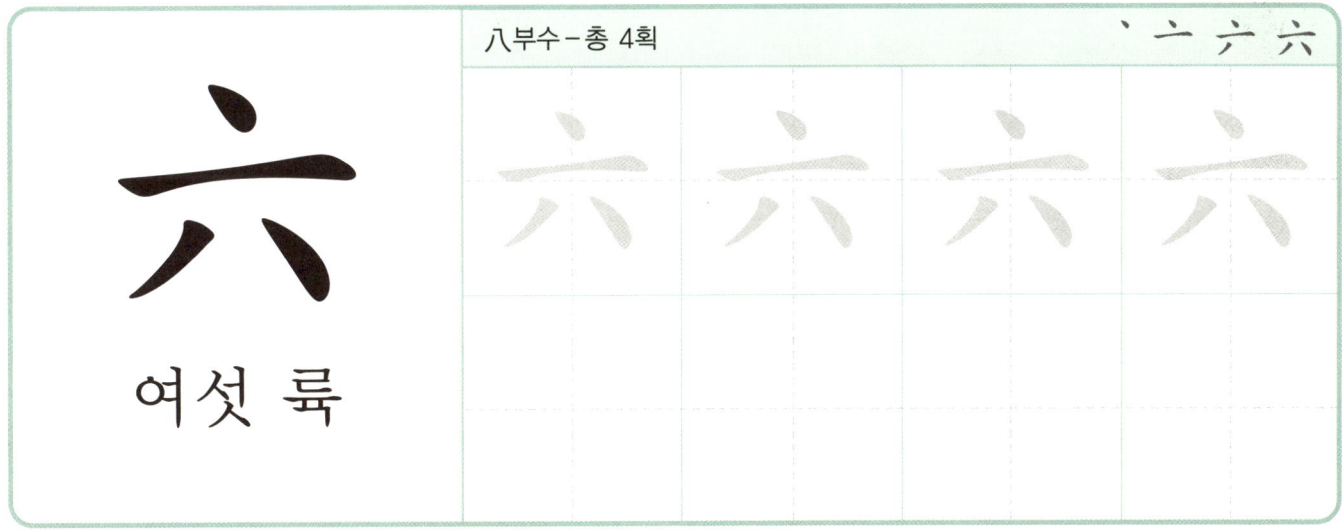

八부수 – 총 4획

六
여섯 륙

• 六에서 八을 쓸 때 人이나 入이 되지 않게 유의합니다. 六(여섯 륙)이 첫소리로 쓰이면 '육'이라고 읽습니다.

한자의 뜻과 소리를 바르게 찾아가세요.

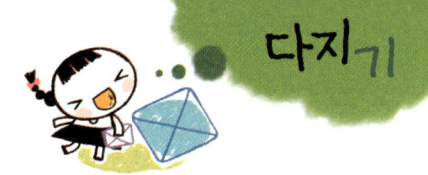

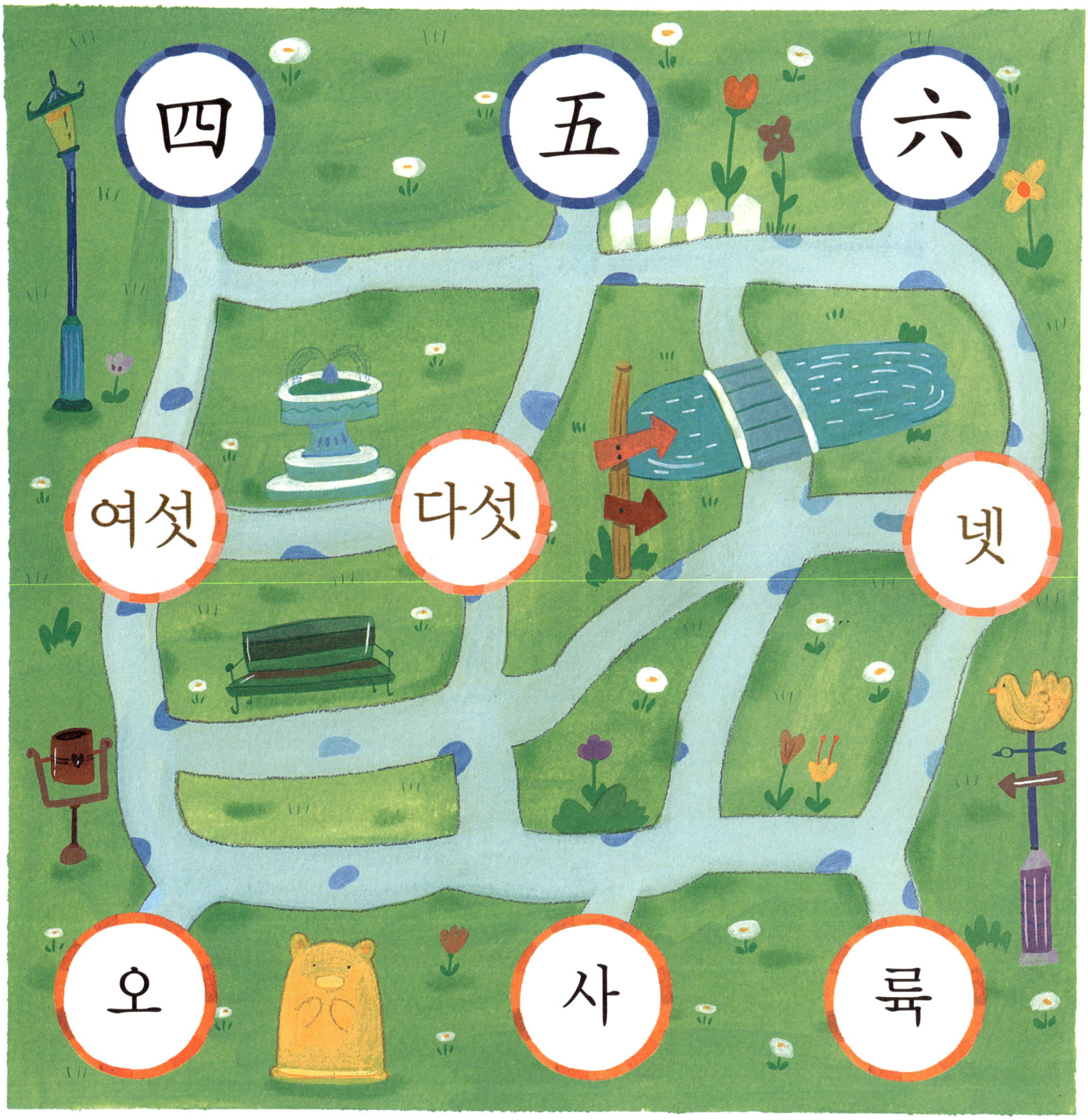

• 한자의 모양과 뜻과 소리를 바르게 찾아가며 자연스럽게 한자의 3요소를 익힙니다.

같은 한자끼리 연결하고 뜻과 소리를 쓰세요.

• 四, 五, 六의 해당 요소(손가락 여섯 개, 무당 벌레 다섯 마리, 기차 네 량)를 아이가 먼저 찾을 수 있도록 도와 줍니다.

📝 이번 주에 배운 한자가 숨어 있어요. 숨어 있는 한자를 찾아 아래에 쓰세요.

뜻: 소리:	뜻: 소리:	뜻: 소리:

● 한자의 숨겨진 모양을 써내지 못하는 경우 앞쪽이나 한자 카드 등을 보고 쓰도록 합니다.

빈 곳에 알맞은 스티커를 붙이고 한자를 쓰세요.

• 四, 五, 六의 자원 해석은 다른 견해도 있음에 유의합니다.

한자의 알맞은 뜻, 소리를 찾아 ○하세요.

- 달력 위에 一부터 六까지 아라비아 숫자를 한자로 써 보면 많은 도움이 됩니다.

〈보기〉의 한자를 찾아 ◯ 하세요.

〈보기〉 흙 토　다섯 오　여섯 륙　넷 사　날(해) 일

• 해당 한자를 찾아보고 그림 속에 있는 한자를 따라 쓰고 뜻, 소리도 말해 봅니다.

한자의 뜻, 소리, 모양이 바르게 쓰인 길을 찾아가세요.

• 한자의 뜻과 소리가 바르게 쓰인 곳을 찾아 길을 따라 가면서 틀린 곳도 바로 잡아 보세요.

뜻: 소리:

뜻: 소리:

• 한눈에 직관적으로 한자를 알아보지 못하는 경우에는 도형을 따라쓰기 합니다.

필순에 맞게 한자를 쓰세요.

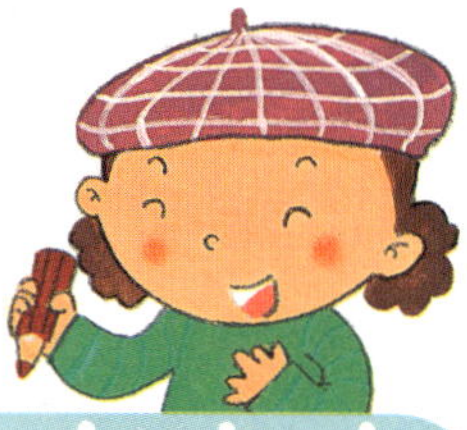

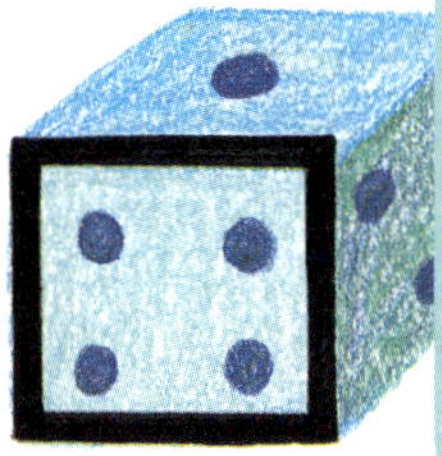

四

五

六

• 一 ~ 六까지 연속되는 숫자이므로 앞서 배운 一, 二, 三도 더불어서 연습합니다.

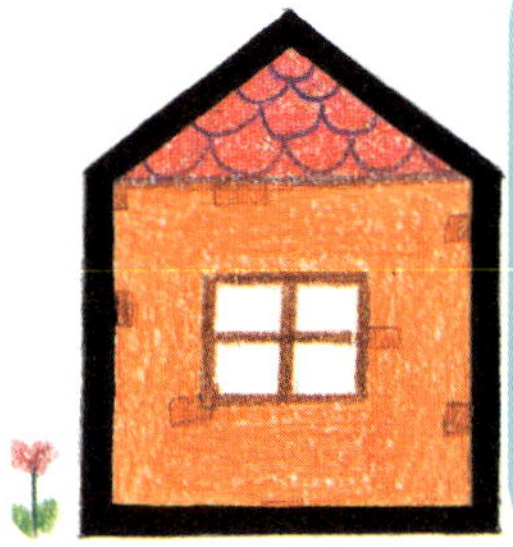

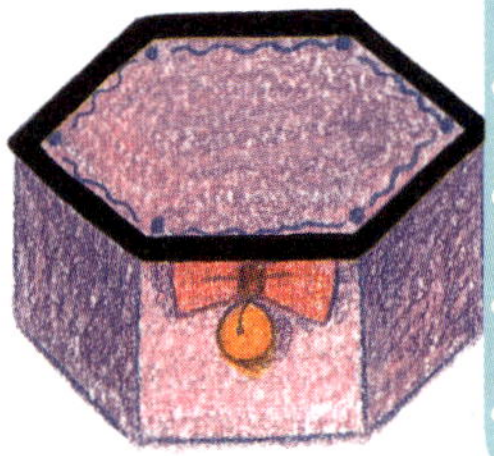

📝 빈 칸에 알맞게 쓰세요.

넷 사

다섯 오

여섯 륙

• 四의 쓰기는 둘레와 안쪽을 모두 쓴 뒤 (l 冂 冂 四) 마지막으로 닫아 줍니다(四).

 漢字 보따리

한자의 필순 2

한자의 필순을 알기 위해 먼저 한자의 **획(劃)**에 대해 알아볼까요?

山 뜻:산(뫼) 소리:산 – 총 3획   日 뜻:날(해) 소리:일 – 총 4획

위의 뜻, 소리, 모양은 한자의 3요소임을 앞에서 배웠습니다.

그럼 총 3획, 총 4획의 획은 무엇일까요?

획(劃)이란 한자를 펜이나 붓으로 한 번 긋거나, 찍은 선 또는 점을 뜻합니다.

山 丨 屮 山   日 丨 冂 日 日

획(劃)은 모양에 따라 다른 이름(명칭)이 있습니다.

모 양	명 칭	설 명
母	가 로 획	가로로 그은 선을 말합니다.
中	세 로 획	세로로 내려 그은 선을 말합니다.
水	갈 고 리	세로로 그어 끝을 올린 획입니다.
文	삐 침	오른쪽 위에서 왼쪽 아래로 그은 획입니다.
八	파 임	왼쪽 위에서 오른쪽 아래로 그은 획입니다.
心	점	점을 찍은 것을 말합니다.

-계속-

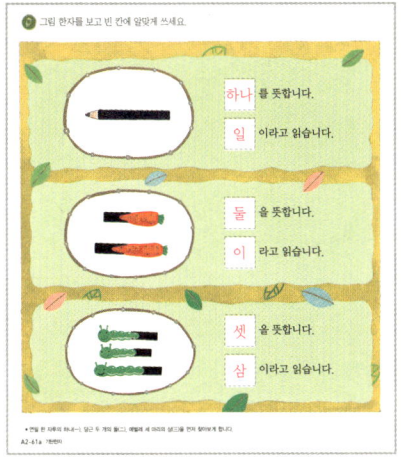
61a

61b

62a

62b

63a

63b

64a

64b

65a

기탄한자 A2-71b

65b

66a

66b

67a

67b

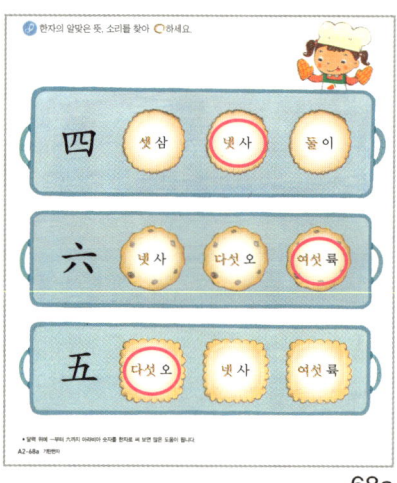
68a

68b

69a

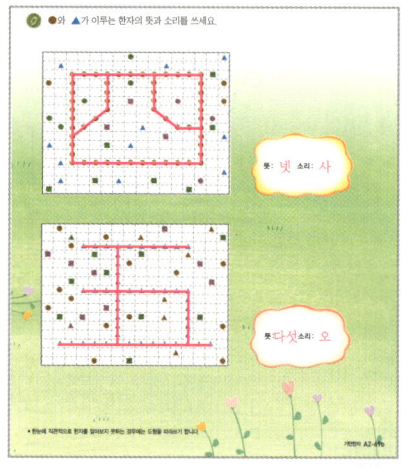
69b

四

五

六

四
五
六

五 다섯 오	四 넷 사
四 넷 사 / 五 다섯 오 / 六 여섯 륙	六 여섯 륙

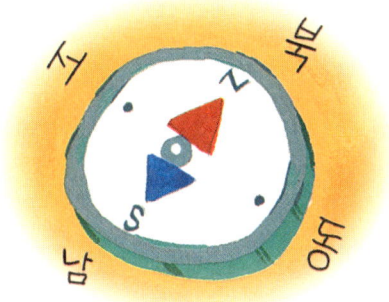

四方

五線紙

六班

 四方

 五線紙

 六班

오선지

악보를 적을 수 있도록 오선을 그어 인쇄해 놓은 종이

五:다섯 오　線:줄 선
紙:종이 지

사방

동, 서, 남, 북의 네 방향. 둘레의 모든 방향

四:넷 사　方:모/방위 방

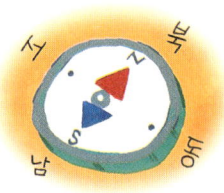 사방

 오선지

 육반

육반

한 학년의 여섯 번째의 반

六:여섯 륙　班:나눌 반

재미로 놀기

그림에서 이상한 곳 5군데를 찾아 ◯하세요.

펴낸이 : 정지향
펴낸곳 : (주)기탄교육
기획·편집·디자인 : 기탄교육연구소
주소 : 06698 서울특별시 서초구 효령로 40 기탄출판센터
등록 : 제2000-000098호
전화 : (02) 586-1007
팩스 : (02) 586-2337

※서점에 갈 시간이 없거나 구하기 어려운 분은 인터넷 또는 전화로 신청하세요. 즉시 우송해 드립니다.
● www.gitan.co.kr

ⓒ (주)기탄교육 All rights reserved.
저작권자의 동의 없이 본 교재를 무단으로 복제하거나 전재하는 것을 금합니다.

카드로 놀아요

• 한자 카드 이렇게 놀아 주세요. ⑤

한자 카드 책 만들기

지금까지 모아둔 한자 카드를 이용해서 기억을 재생할 수 있도록 하는 놀이입니다. 한글처럼 우리의 전용 문자로서 항상 보고, 읽고, 쓰는 기회가 많아진다면 한자도 어렵지 않게 받아들일 수 있을 것입니다. 그러므로 항상 앞서 깨우친 한자들의 반복 학습이 매우 중요합니다.

1 한자 카드와 책을 가지고 아이와 엄마가 나란히 앉아요.

2 엄마가 책갈피에 한자 카드를 하나씩 꽂아요.

3 아이는 한자 카드가 꽂혀진 책을 넘겨 가면서 큰 소리로 한자를 읽어요.

• 준비물 – 한자 카드, 한자 카드와 비슷한 크기의 책

6호에서 배운 한자를 다시 한번 써 보세요.

| 四 | 四 | 四 | 四 | 四 | 四 |

넷 사

| 五 | 五 | 五 | 五 | 五 | 五 |

다섯 오

| 六 | 六 | 六 | 六 | 六 | 六 |

여섯 륙

호

기탄한자 A단계 2집 73a~84a

그림으로 익히고 놀이로 기억하는 입체 한자 학습 프로그램

기탄®한자

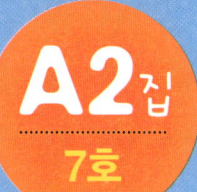

A2집
7호
73a-84a

공부한 날   월   일 ~ 월   일
　　　　　　(원)교　　　　반
이름　　　　　전화

www.gitan.co.kr

기탄교육

 **A단계**에서 배울 한자입니다.

		A단계						
1집	山, 川, 日	2집	一, 二, 三	3집	十, 百, 千	4집	田, 石, 玉
	月, 火, 水		四, 五, 六		耳, 目, 口		力, 大, 小
	木, 金, 土		七, 八, 九		人, 手, 足		上, 中, 下
	복습		복습		복습		복습

※ 매주마다 학습한 한자를 누적하여 읽어 보세요.

학습 진단 관리표

	훈음 읽기	훈음 쓰기	한자 쓰기	한자어 읽기	이번 주는?			
금주평가	Ⓐ 아주 잘함	Ⓐ 아주 잘함	Ⓐ 아주 잘함	Ⓐ 아주 잘함	● 학습방법	❶ 매일매일	❷ 가끔	❸ 한꺼번에 하였습니다.
	Ⓑ 잘함	Ⓑ 잘함	Ⓑ 잘함	Ⓑ 잘함	● 학습태도	❶ 스스로 잘	❷ 시켜서 억지로 하였습니다.	
	Ⓒ 보통	Ⓒ 보통	Ⓒ 보통	Ⓒ 보통	● 학습흥미	❶ 재미있게	❷ 싫증내며 하였습니다.	
	Ⓓ 노력해야 함	Ⓓ 노력해야 함	Ⓓ 노력해야 함	Ⓓ 노력해야 함	● 교재내용	❶ 적합하다고	❷ 어렵다고	❸ 쉽다고 하였습니다.

지도 교사가 부모님께   부모님이 지도 교사께

종합평가   Ⓐ 아주 잘함   Ⓑ 잘함   Ⓒ 보통   Ⓓ 노력해야 함

A2집
73a-84a

이번 주에는 七(일곱 칠), 八(여덟 팔), 九(아홉 구)를 배워요.

이렇게 **도와** 주세요

1일차 73a~74b
- 지난 호에서 학습한 四, 五, 六을 복습합니다.
- 동화를 읽고 七, 八, 九의 뜻을 이야기해 봅니다.
- 한자 카드나 받아쓰기로 앞서 배운 한자를 복습합니다.

2일차 75a~77b
- 숫자 八, 九는 모양이 비슷한 한자들에 유의해서 지도합니다.
  八(여덟 팔), 人(사람 인), 入(들 입) / 九(아홉 구), 刀(칼 도), 力(힘 력)

3일차 78a~79b
- 이번 주에 학습하는 七, 八, 九 이전의 一에서 六까지의 한자도 연속적으로 기억하며 학습합니다.

4일차 80a~81b
- 수를 나타내는 한자는 비슷한 모양의 다른 한자들과 구별할 수 있도록 합니다.
- 81a의 미로찾기에서 3요소가 바르지 않은 곳은 바르게 고치면서 풀어 나가면 효과적입니다.

5일차 82a~84a
- 七, 八, 九 학습을 마무리하고 한자 보따리와 재미로 놀기를 통하여 흥미를 느끼게 지도합니다.
- 한자 카드는 고리에 끼워서 모아 두고 매일 잠깐씩 보여 줍니다.

다시 보기

✏️ 그림 한자를 보고 빈 칸에 알맞게 쓰세요.

四　　□ 을 뜻합니다.
　　　□ 라고 읽습니다.

五　　□ 을 뜻합니다.
　　　□ 라고 읽습니다.

六　　□ 을 뜻합니다.
　　　□ 이라고 읽습니다.

● 연필 네 자루의 四, 오각형의 五, 과자 여섯 개의 六을 찾아보며 풀이합니다.

한자와 뜻을 이어 보고 빈 칸에 알맞은 소리를 쓰세요.

• 四, 五, 六의 모양과 뜻, 소리를 바르게 알고 있는지 확인해 봅니다. 한자 카드를 이용하여 재미있는 놀이로 복습합니다.

들어가기

어떤 한자를 배울까요? 동화를 읽고 스티커를 붙여 알아보세요.

나는 일곱 살

나는 나는 **일곱(七)**살
유치원에 가요.
뒤뚱뒤뚱 걷는 모습이
팔(八)자 걸음이래요.

• 엄마와 함께 동화 속의 주인공이 되어 나이, 층수, 전화 번호 등을 한자로 적용해 보면 효과적입니다.

유치원이 끝나면 집에 가지요.
딩동댕!
구(九)층에 불이 켜지면
사뿐사뿐 엘리베이터에서 내려요.

七 알아보기

🔊 빈 곳에 알맞은 스티커를 붙이고 한자의 뜻과 소리를 읽어 보세요.

뜻 : 일곱　소리 : 칠

📖 七이 만들어진 유래를 알아보고 한자 스티커를 붙이세요.

십보다 작은 수를 나타내기 위해 十의 세로획을 구부려 일곱을 나타낸 한자입니다.

✏️ 순서대로 써 보세요.

• 모양이 비슷한 十(열 십), 九(아홉 구)와 구별하세요.

📝 알맞은 뜻, 소리, 모양을 찾아 ◯하세요.

- 七의 뜻은 일곱   여섯 입니다.
- 七의 소리는 칠   팔 입니다.
- 일곱 칠의 모양은 七   十 입니다.

📝 七이 쓰인 한자어를 찾아 ◯하세요.

북두七성

五선지

七면조

月급

📝 필순에 맞게 七을 써 보세요.

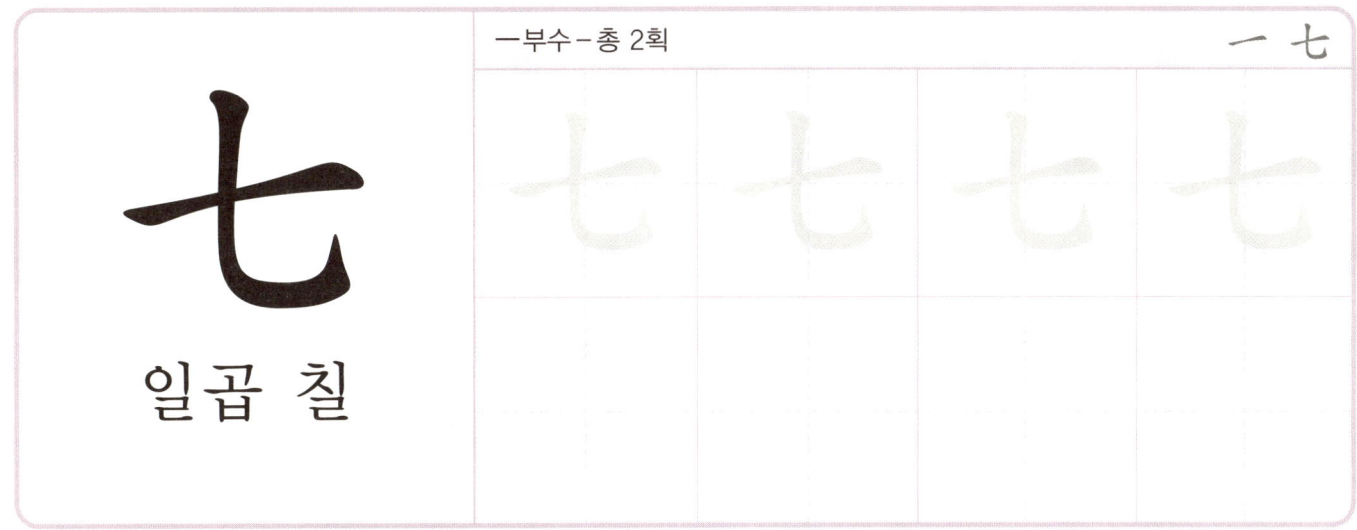

- 七을 쓸 때 가로획인 ㅡ 을 먼저 쓰는 원칙을 설명합니다.

八 알아보기

🔊 빈 곳에 알맞은 스티커를 붙이고 한자의 뜻과 소리를 읽어 보세요.

뜻: **여덟**   소리: **팔**

📋 八이 만들어진 유래를 알아보고 한자 스티커를 붙이세요.

어떤 물건이 나뉘어져 서로 등지고 있는 모습을 본뜬 한자입니다.

✏️ 순서대로 써 보세요.

• 八은 人(사람 인)과 入(들 입)의 모양이 되지 않도록 유의합니다.

🖊 알맞은 뜻, 소리, 모양을 찾아 ○하세요.

- 八의 뜻은 여덟   여섯 입니다.
- 八의 소리는 팔   륙 입니다.
- 여덟 팔의 모양은 六   八 입니다.

🖊 八이 쓰인 한자어를 찾아 ○하세요.

 오月
 八도강산
 六반
 八방미인

🖊 필순에 맞게 八을 써 보세요.

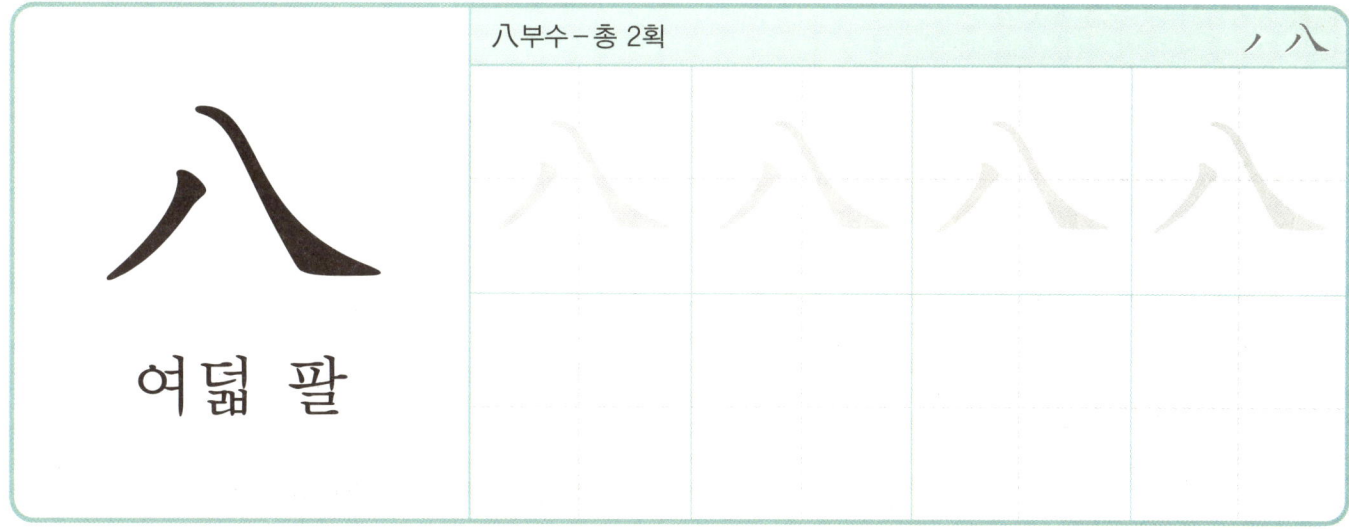

八 여덟 팔

八부수 - 총 2획   ㇒ 八

- 한자를 쓸 때에는 손목에 힘을 주어 크게 쓰는 습관을 갖도록 합니다.

 九 알아보기

🔊 빈 곳에 알맞은 스티커를 붙이고 한자의 뜻과 소리를 읽어 보세요.

뜻: 아홉   소리: 구

📄 九가 만들어진 유래를 알아보고 한자 스티커를 붙이세요.

사람의 손과 팔꿈치 모양을 본떠 아홉을 나타낸 한자입니다.

✏️ 순서대로 써 보세요.

• 九는 力(힘 력)이나 刀(칼 도)의 모양이 되지 않게 유의합니다.

✏️ 알맞은 뜻, 소리, 모양을 찾아 ○하세요.

- 九의 뜻은 아홉   여덟 입니다.
- 九의 소리는 고   구 입니다.
- 아홉 구의 모양은 七   九 입니다.

✏️ 九가 쓰인 한자어를 찾아 ○하세요.

북두七성

三총사

九관조

九구단

✏️ 필순에 맞게 九를 써 보세요.

- 九의 모양을 刀, 力 등의 모양으로 다르게 쓴 경우 바로잡아 주고, 刀, 力의 뜻소리(칼 도, 힘 력)는 아이의 연령이나 학습 능력에 맞게 선택적으로 지도합니다.

다지기

한자의 뜻과 소리를 바르게 찾아가세요.

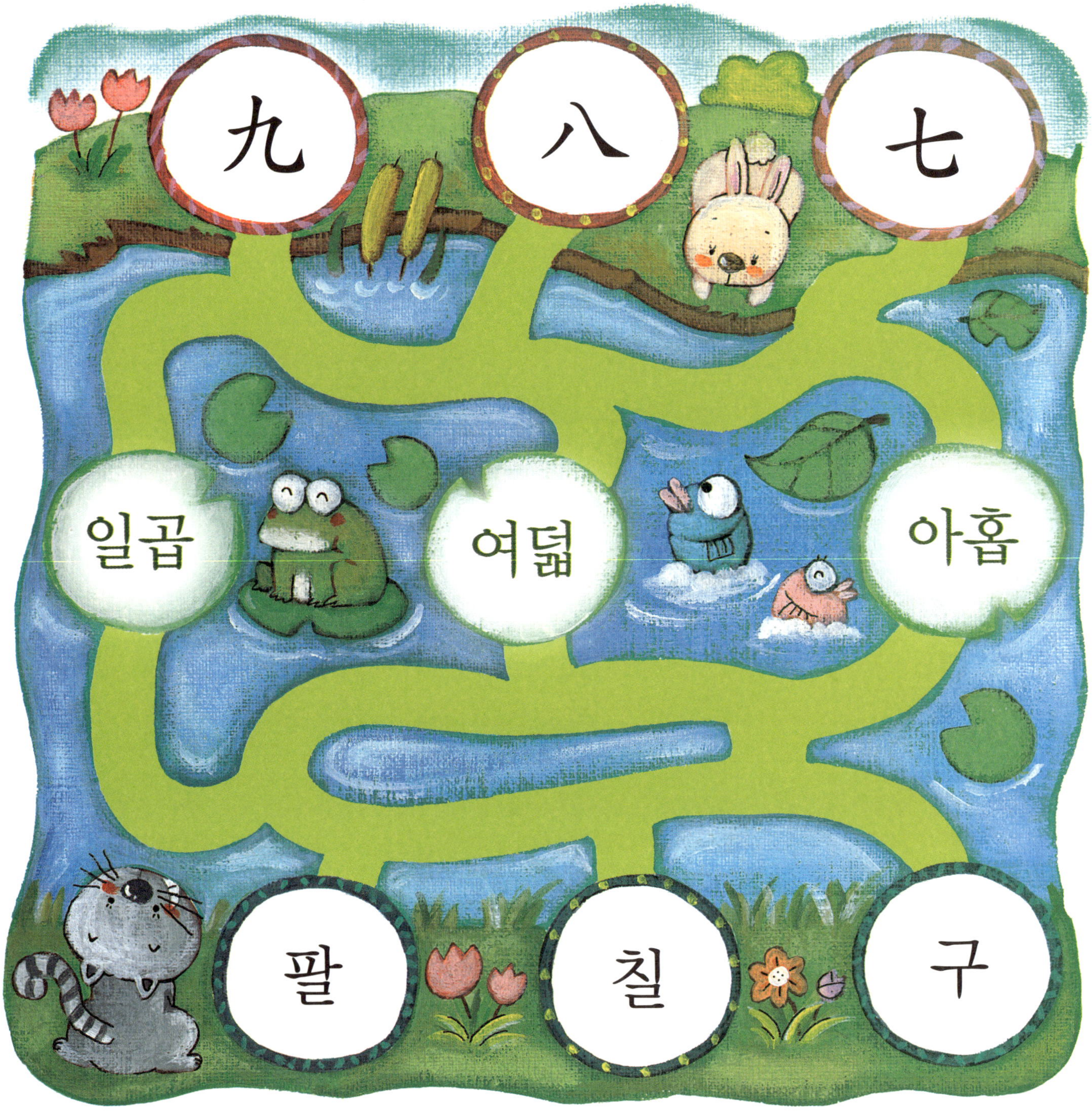

九 八 七

일곱 여덟 아홉

팔 칠 구

📝 같은 한자끼리 연결하고 뜻과 소리를 쓰세요.

• 숫자를 배울 때 대부분 七과 八을 어려워하고 六이나 九도 어려워하는 경우가 많습니다. 이 때 그림 한자를 통해 기억 요소를 넣어 지도합니다.

이번 주에 배운 한자가 숨어 있어요. 숨어 있는 한자를 찾아 아래에 쓰세요.

뜻 :　　　소리 :　　　　뜻 :　　　소리 :　　　　뜻 :　　　소리 :

빈 곳에 알맞은 스티커를 붙이고 한자를 쓰세요.

🔊 한자의 알맞은 뜻, 소리를 찾아 ○하세요.

八　　여섯 륙　　여덟 팔　　아홉 구

七　　일곱 칠　　여덟 팔　　아홉 구

九　　아홉 구　　여덟 팔　　일곱 칠

• 여러 개의 뜻, 소리에서 해당 한자의 뜻, 소리를 찾아 3요소의 기억을 정확하게 합니다.

〈보기〉의 한자를 찾아 ◯하세요.

〈보기〉 일곱 칠   여덟 팔   아홉 구   다섯 오   흙 토

• 그림 속에 숨은 한자를 찾아보고 나머지 三, 日, 二의 뜻, 소리도 말해 보게 합니다.

한자의 뜻, 소리, 모양이 바르게 쓰인 길을 찾아가세요.

● 3요소가 바르지 않은 곳은 바르게 고쳐 보세요.

●와 ■가 이루는 한자의 뜻과 소리를 쓰세요.

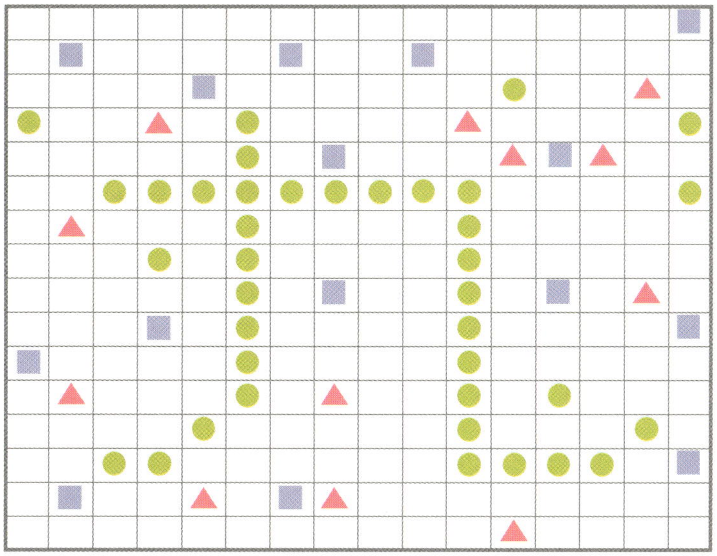

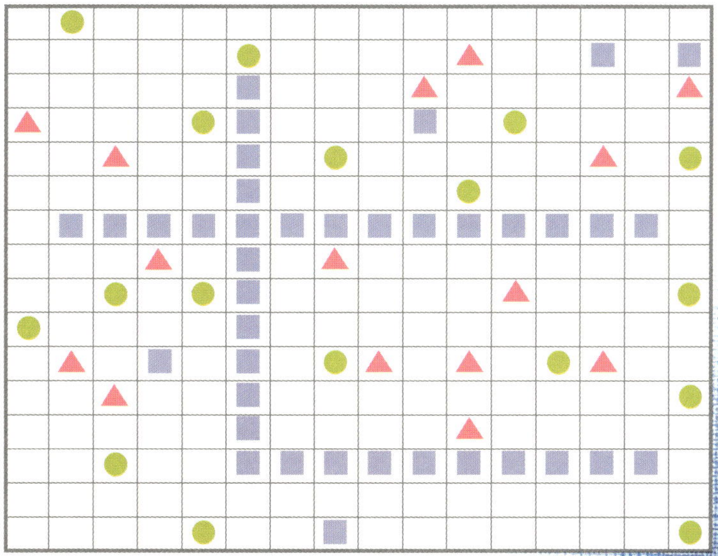

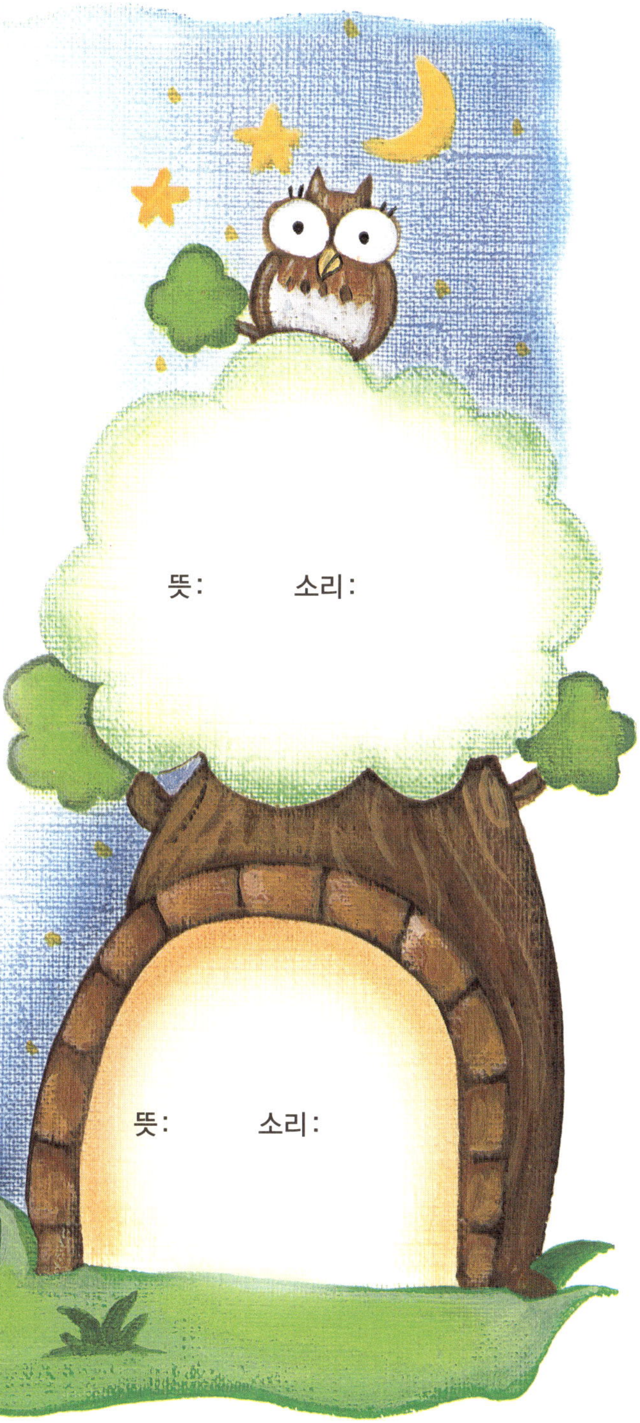

뜻:　　　소리:

뜻:　　　소리:

마무리하기

필순에 맞게 한자를 쓰세요.

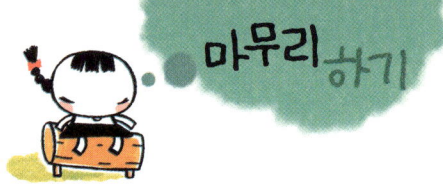

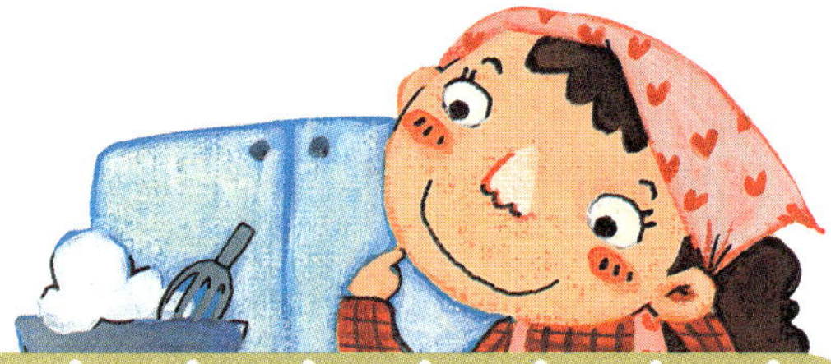

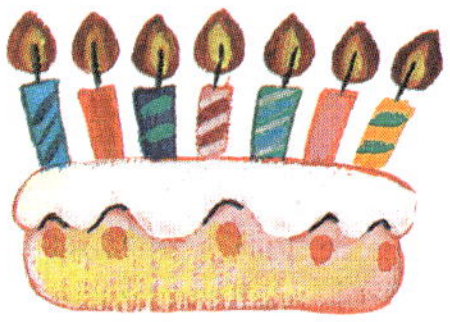

七 七

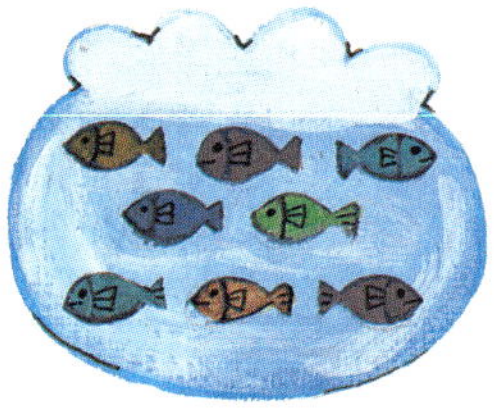

八 八

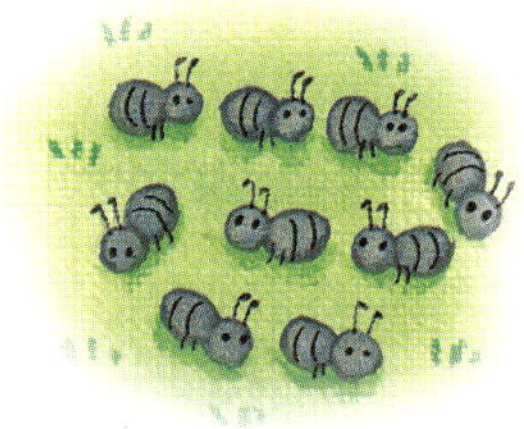

九 九

• 七, 八, 九를 정리하고 一부터 九까지 순차적으로 써 봅니다.

빈 칸에 알맞게 쓰세요.

일곱 칠

여덟 팔

아홉 구

• 七, 八, 九의 3요소를 다지고 九에서 一까지 역순으로 써 봅니다.

한자의 필순 3

한자를 쓰는 원칙에는 여러 가지가 있습니다.
그리고 예외적인 한자도 많이 있지요.
하지만 다음의 원칙들은 변하지 않는 원칙입니다.
곧 한자를 쓸 때는 반드시 다음의 순서대로 쓰는 습관을 길러야 합니다.

◆ 필순의 원칙 1

위에서 아래로 써요.

한자는 항상 위에서 아래로 써 나갑니다.
만일 한자를 아래에서부터 위로 써 나간다면 모양이 아주 이상하고 쓰기도 불편하겠죠.

```
三 : 一 二 三
言 : 丶 亠 ᅩ 늘 言 言 言
```

◆ 필순의 원칙 2

왼쪽에서 오른쪽으로 써요.

우리가 책을 읽을 때도 왼쪽에서 오른쪽으로 읽게 되죠.
마찬가지로 하나의 한자를 쓸 때도 항상 왼쪽에서 오른쪽으로 씁니다.

```
川 : 丿 丿丨 川
林 : 一 十 才 木 木 村 村 林
```

-계속-

해답

A2집 73a-84a

73a

73b

74a

74b

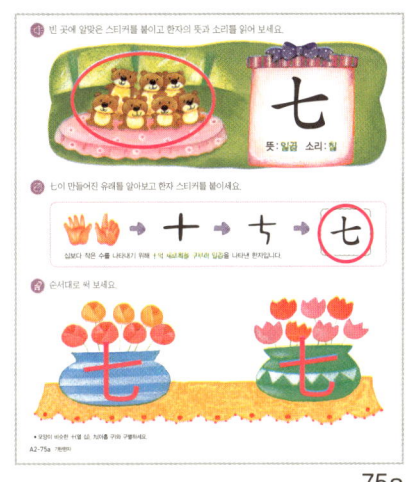
75a

75b

76a

76b

77a

기탄한자 **A2-83b**

77b

78a
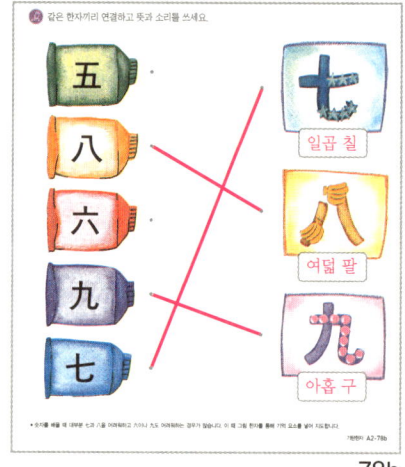
78b

79a

79b

80a

80b

81a

81b

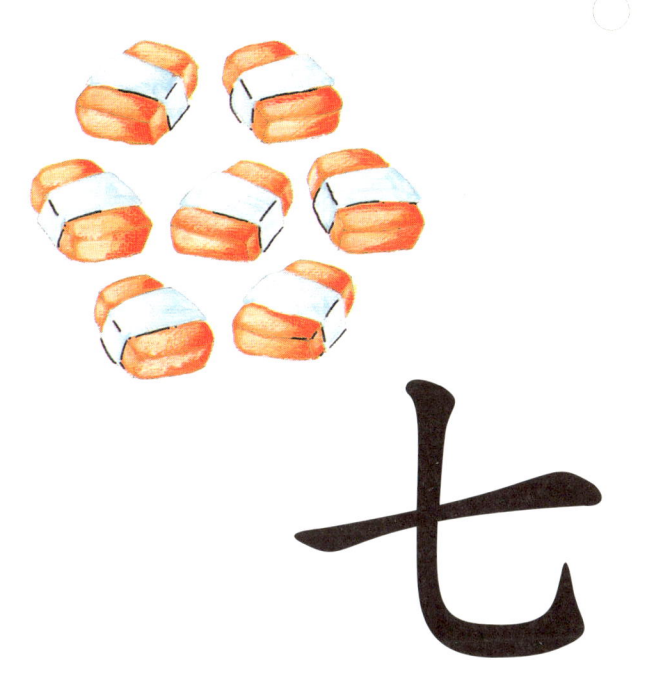

七

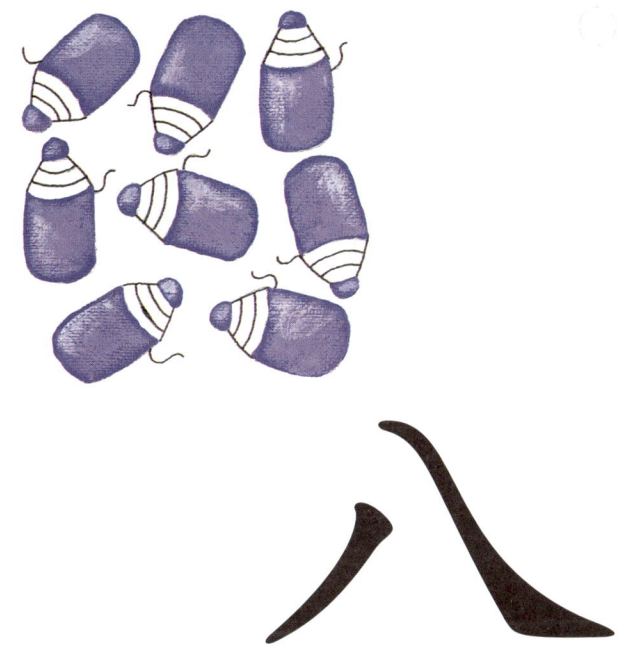

八

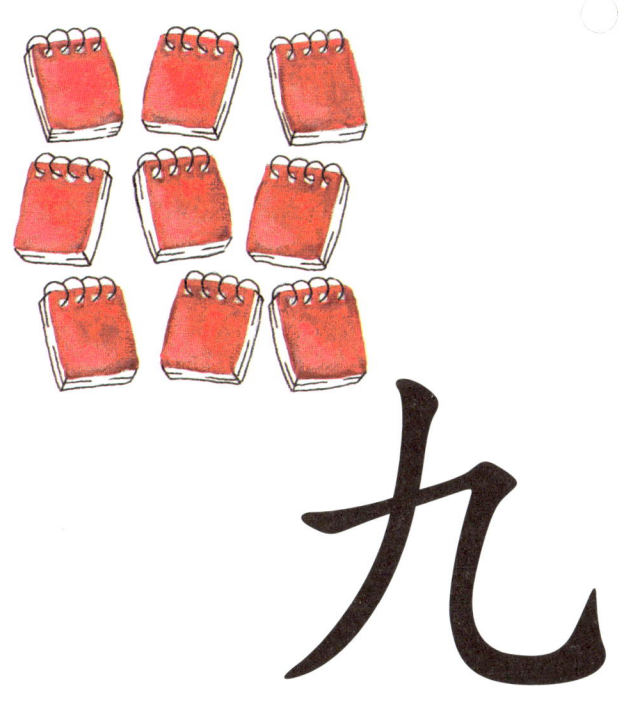

九

七 八 九

기탄한자 A2집 7호 한자 카드

八 여덟 팔
기탄한자 A2집 7호

七 일곱 칠
기탄한자 A2집 7호

七 일곱 칠
八 여덟 팔
九 아홉 구
기탄한자 A2집 7호

九 아홉 구
기탄한자 A2집 7호

北斗七星

八道江山

九九段

	北斗七星
	八道江山
	九九段

기탄한자 A2집 7호 한자어 카드

팔도강산

우리 나라 전국의 산수

八 : 여덟 팔   道 : 길 도
江 : 강 강   山 : 산(뫼) 산

기탄한자 A2집 7호

북두칠성

큰곰자리에서 가장
뚜렷하게 보이는 국자
모양으로 된 일곱 개의 별

北 : 북녘 북   斗 : 말 두
七 : 일곱 칠   星 : 별 성

기탄한자 A2집 7호

 북두칠성

 팔도강산

 구구단

기탄한자 A2집 7호

구구단

구구법을 흔히 이르는 말.
곱셈에 쓰는 기초 공식

九 : 아홉 구   段 : 구분 단

기탄한자 A2집 7호

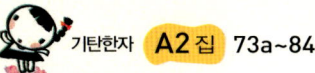

74a

일곱 칠

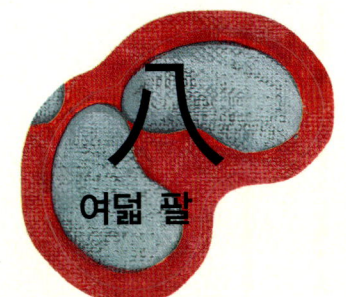
여덟 팔

74b

아홉 구

75a

七

76a

八

77a

九

79b

재미로 놀기

📝 一~九까지 순서대로 이어서 그림을 완성 하세요.

펴낸이 : 정지향
펴낸곳 : (주)기탄교육
기획·편집·디자인 : 기탄교육연구소
주소 : 06698 서울특별시 서초구 효령로 40 기탄출판센터
등록 : 제2000-000098호
전화 : (02) 586-1007
팩스 : (02) 586-2337

※서점에 갈 시간이 없거나 구하기 어려운 분은 인터넷 또는 전화로 신청하세요. 즉시 우송해 드립니다.
● www.gitan.co.kr

ⓒ (주)기탄교육 All rights reserved.
저작권자의 동의 없이 본 교재를 무단으로 복제하거나 전재하는 것을 금합니다.

• 한자 카드 이렇게 놀아 주세요. ⑥

꼭꼭 숨어라!

한자를 완전학습할 수 있도록 놀이를 가미하여 학습하는 방법입니다.
아이마다 많은 한자들 중에서도 유달리 쉽게 익히거나, 유난히 어려워하는 특정 한자가 있습니다.
이런 경우에 해 보면 매우 효과적인 놀이 방법입니다.

1 엄마는 한자 카드를 넘기고 아이는 뜻·소리를 말해요.

2 엄마는 아이가 틀린 한자 카드만을 모아 절반 쯤 보이게 방안 곳곳에 숨겨요.

3 아이는 숨겨진 한자 카드를 찾아 뜻·소리를 다시 한번 더 익혀요.

• 준비물 – 한자 카드, 스카치 테이프

7호에서 배운 한자를 다시 한번 써 보세요.

七 일곱 칠

八 여덟 팔

九 아홉 구

8호

기탄한자 A단계 2집 85a~96a

그림으로 익히고 놀이로 기억하는 입체 한자 학습 프로그램

기탄®한자

A2집
8호
85a-96a

공부한 날   월   일 ~   월   일
　　　　　(원)교　　　　반
이름　　　　전화

www.gitan.co.kr

 **A**단계에서 배울 한자입니다.

	A단계						
1집	山, 川, 日	2집	一, 二, 三	3집	十, 百, 千	4집	田, 石, 玉
	月, 火, 水		四, 五, 六		耳, 目, 口		力, 大, 小
	木, 金, 土		七, 八, 九		人, 手, 足		上, 中, 下
	복습		복습		복습		복습

※ 매주마다 학습한 한자를 누적하여 읽어 보세요.

학습진단 관리표

	훈음 읽기	훈음 쓰기	한자 쓰기	한자어 읽기	이번 주는?
금주평가	Ⓐ아주 잘함	Ⓐ아주 잘함	Ⓐ아주 잘함	Ⓐ아주 잘함	● 학습방법 ❶ 매일매일 ❷ 가끔 ❸ 한꺼번에 하였습니다.
	Ⓑ잘함	Ⓑ잘함	Ⓑ잘함	Ⓑ잘함	● 학습태도 ❶ 스스로 잘 ❷ 시켜서 억지로 하였습니다.
	Ⓒ보통	Ⓒ보통	Ⓒ보통	Ⓒ보통	● 학습흥미 ❶ 재미있게 ❷ 싫증내며 하였습니다.
	Ⓓ노력해야 함	Ⓓ노력해야 함	Ⓓ노력해야 함	Ⓓ노력해야 함	● 교재내용 ❶ 적합하다고 ❷ 어렵다고 ❸ 쉽다고 하였습니다.
	지도 교사가 부모님께				부모님이 지도 교사께

종합평가   Ⓐ아주 잘함   Ⓑ잘함   Ⓒ보통   Ⓓ노력해야 함

이번 주에는 **A5, A6, A7호**에서 배운 한자를 복습해요.

1 일차 85a~86b	• A2집에서 배운 한자의 뜻, 소리를 복습합니다. • 수세기를 하듯 九부터 一까지 거꾸로 세어 읽어 봅니다. • 한자 창열기 놀이로 아이와 함께 놀아 줍니다.	
2 일차 87a~88a	• 6호에서 익힌 四, 五, 六의 뜻, 소리, 한자어를 복습합니다. • 四를 쓸 때는 가장 마지막에 (丨 冂 冂 四 四)닫는다는 원칙을 다시 한번 이야기 합니다.	
3 일차 88b~89b	• 7호에서 학습한 七, 八, 九의 뜻, 소리, 한자어를 복습합니다. • 배운 한자를 이용하여 날짜나 요일을 표현해 보도록 합니다. (예: 오늘은 9월 8일 수요일이네. 한자로 써 보자.-九月八日 水曜日)	
4 일차 90a~92b	• 앞서 배운 9한자를 동화, 블록 찾기 등을 활용해서 기억하도록 합니다. • 그동안 모아둔 한자 카드를 이용해서 잊어 버린 한자를 기억하는 기회를 갖게 합니다.	
5 일차 93a~96a	• 앞서 배운 9한자를 마무리하고, 형성평가를 통해 점검합니다. • 형성평가 결과에 따라 표를 참고하여 적절한 진도 적용을 하고 칭찬과 동기 유발을 해 줍니다.	

복습해요

🔊 한자의 뜻과 소리를 말해 보세요.

一	二	三
四	五	六
七	八	九

• A2집 5호, 6호, 7호에서 배운 한자의 뜻과 소리를 복습합니다. 모르는 한자는 한자 카드에서 뜻과 소리를 확인하도록 합니다.

한 번 더! 一 二 三

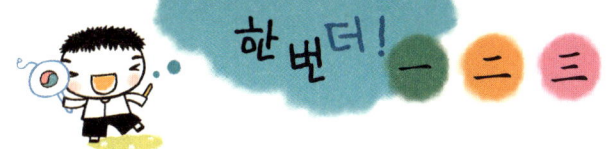

무엇을 배웠나요? 스티커를 붙이고 알맞게 쓰세요.

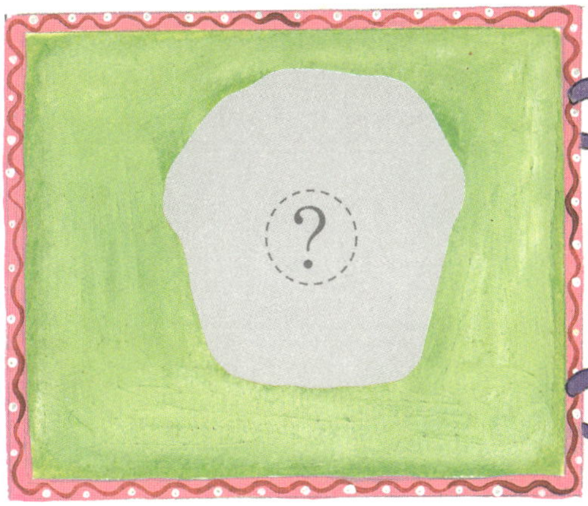

一

뜻: 하나

소리:

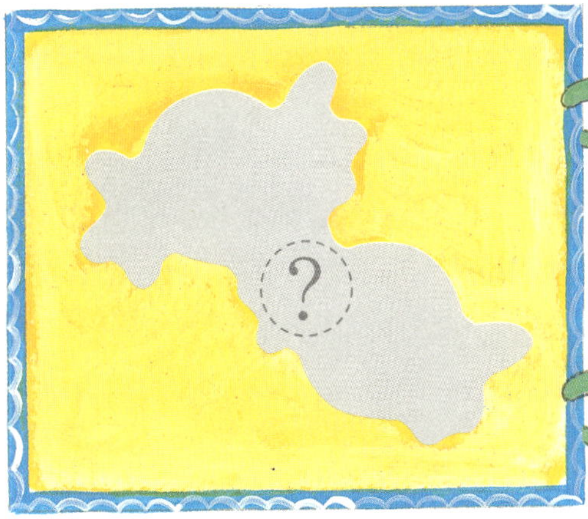

二

뜻:

소리:

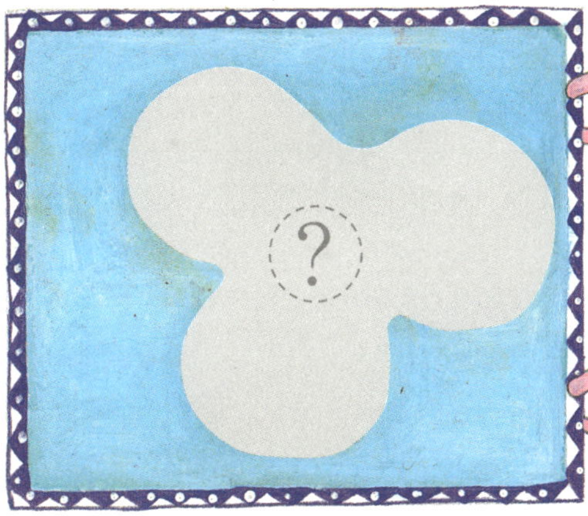

三

뜻:

소리: 삼

• A2집 5호에서 배운 한자를 복습합니다.

한자의 유래를 바르게 찾아가세요.

● 한자의 유래를 찾아가서 해당하는 한자에 뜻과 소리를 써 보면 효과적입니다.

그림에 알맞은 한자어를 〈보기〉에서 찾아 쓰세요.

〈보기〉 통一   三각형   二학년   一등   二층   三총사

 한 번 더! 四 五 六

📝 무엇을 배웠나요? 스티커를 붙이고 알맞게 쓰세요.

四 뜻: ☐ 소리: ☐

五 뜻: ☐ 소리: ☐

六 뜻: ☐ 소리: ☐

• A2집 6호에서 배운 한자를 복습합니다.

알맞은 뜻과 소리를 따라 길을 찾아가세요.

• 한자 ➡ 뜻 ➡ 소리 순으로 길을 찾아갑니다.

그림에 알맞은 한자어를 〈보기〉에서 찾아 쓰세요.

〈보기〉 六학년 六반 四계절 四방 五월 五선지

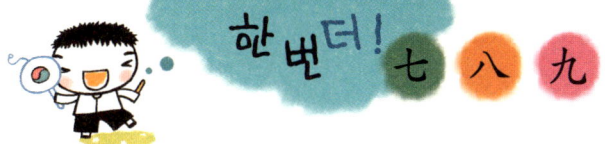

📋 무엇을 배웠나요? 스티커를 붙이고 알맞게 쓰세요.

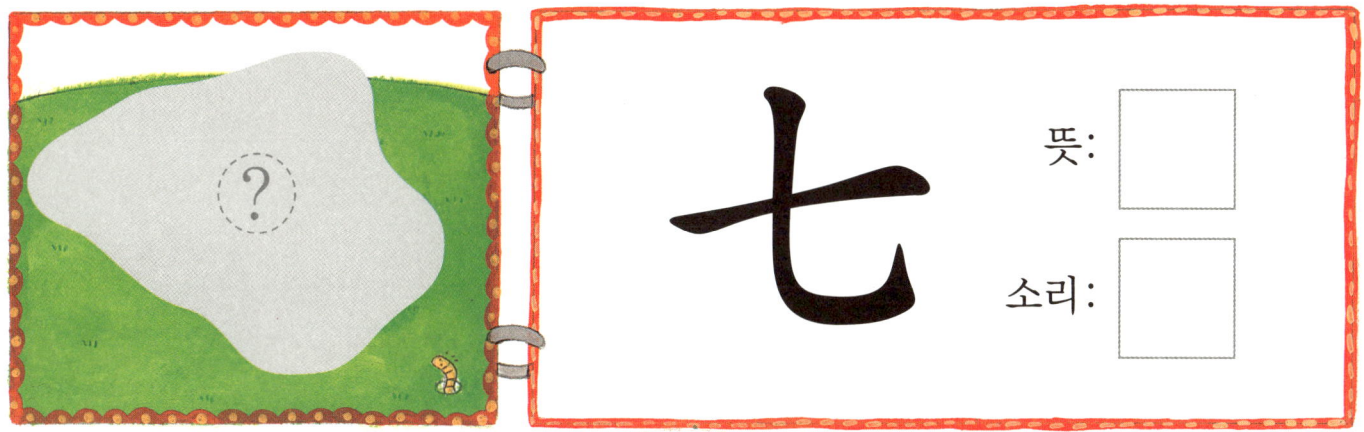

七　뜻: ☐　소리: ☐

八　뜻: ☐　소리: ☐

九　뜻: ☐　소리: ☐

• A2집 7호에서 배운 한자를 복습합니다.

알맞은 뜻과 소리를 따라 길을 찾아가세요.

• 한자 ➡ 뜻 ➡ 소리 순으로 길을 찾아가며 한자의 3요소를 확인합니다.

그림에 알맞은 한자어를 〈보기〉에서 찾아 쓰세요.

〈보기〉 북두七성   七면조   九관조   八도강산   八방미인   九九단

📝 동화를 읽고 빈 칸에 알맞은 한자를 쓰세요.

숫자 노래

동생 지혜는 곰 세 마리 노래를 잘 불러요.

곰 세 三 마리가 한 ☐ 집에 있어

아빠 곰, 엄마 곰, 지혜 곰

아빠 곰은 뚱뚱해! 엄마 곰은 날씬해!

지혜 곰은 너무 귀여워.

으쓱으쓱 잘한다!

四 二 三 一 五

• 엄마와 함께 노래를 부르면서 재미있게 풀어봅니다.

오빠 지민이는 열 작은 인디언 노래를 잘 불러요.

한 작은, 두 [ ] 작은 세 작은 인디언

네 [ ] 작은, 다섯 [ ] 작은, 여섯 [ ] 작은 인디언

일곱 [ ] 작은, 여덟 [ ] 작은, 아홉 [ ] 작은 인디언

열 작은 인디언 소년들~.

六 九 八 七 日

• 보기의 한자를 보지 않고 한자를 쓴 다음에 모르는 경우에만 보기를 참고합니다.

다지기

🖊 알맞게 연결하세요.

한자와 뜻·소리가 바른 것을 찾아 모두 ◯하세요.

• 뜻, 소리, 모양, 그림이 바른 조각을 찾아 ◯하고 틀린 조각은 바르게 고쳐 봅니다.

• 지금까지 학습한 한자를 모두 복습하는 내용입니다.
 벽에 붙여 놓고 수시로 눈에 익히게 하면 효과적입니다.

마무리 하기

✏️ 빈 칸에 뜻과 소리를 쓰고 필순에 맞게 한자를 쓰세요.

一	一		
하나 일	一		
二	二		
	一 二		
三	三		
	一 二 三		

• A2집에서 배운 9자의 뜻, 소리, 필순을 정리합니다.

빈 칸에 뜻과 소리를 쓰고 필순에 맞게 한자를 쓰세요.

四	四
	丨 冂 冂 四 四

五	五
	一 丁 五 五

六	六
	丶 一 六 六

• 뜻과 소리를 입으로 소리내어 말하면서 한자를 씁니다.

빈 칸에 뜻과 소리를 쓰고 필순에 맞게 한자를 쓰세요.

형성평가

얼마나 알고 있나요?

평가일	년	월	일
소 요 시 간	시 분 ~	시	분
평 가 결 과	21~27문항	아주 잘 했어요. A3집 9호를 학습하세요.	
	11~20문항	틀린 한자를 다시 익혀요.	
	10문항 이하	A2집을 복습해요.	

● 한자의 뜻과 소리를 쓰세요.

1. 九
   뜻:　　소리:

2. 八
   뜻:　　소리:

3. 六
   뜻:　　소리:

4. 四
   뜻:　　소리:

5. 三
   뜻:　　소리:

6. 五
   뜻:　　소리:

7. 一
   뜻:　　소리:

8. 二
   뜻:　　소리:

9. 七
   뜻:　　소리:

● 선을 따라 잘라서 풀어 보세요.

● 빈 칸에 알맞은 한자를 쓰세요.

10. 다섯 오

11. 여섯 륙

12. 하나 일

13. 둘 이

14. 셋 삼

15. 넷 사

16. 일곱 칠

17. 여덟 팔

18. 아홉 구

一 九 三 六 五 四 七 八 二

● 빈 칸에 알맞은 한자를 쓰세요.

19. 일 등 → ☐ 등

20. 이학년 → ☐ 학 년

21. 오월 → ☐ 월

22. 사계절 → ☐ 계 ☐ 절

23. 삼각형 → ☐ 각 ☐ 형

24. 육학년 → ☐ 학 년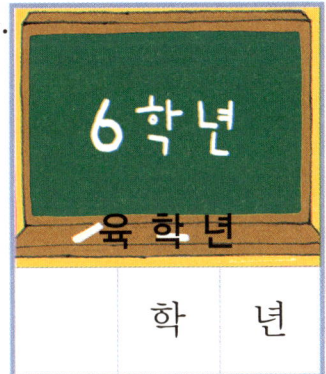

25. 북두칠성 → 북 두 ☐ 성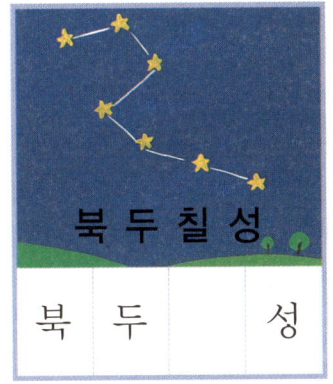

26. 팔방미인 → ☐ 방 미 인

27. 구구단 → ☐ ☐ 단

九 八 七 二 三 四 五 六 一

해답

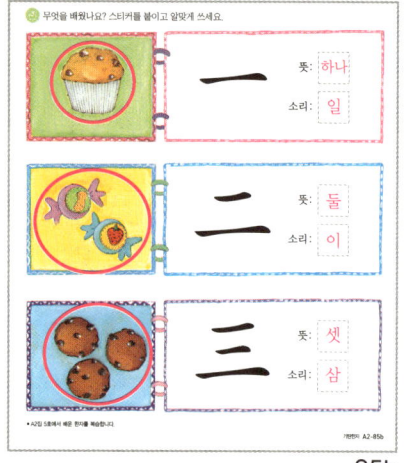

90a

90b
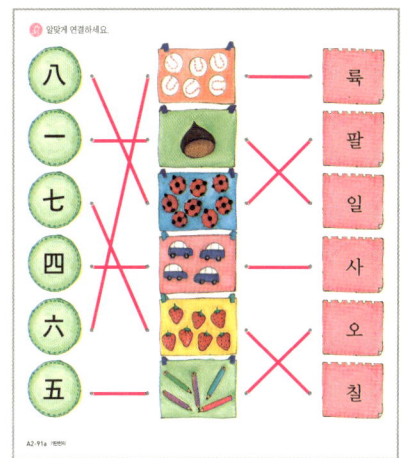
91a

91b

92a

92b

94b
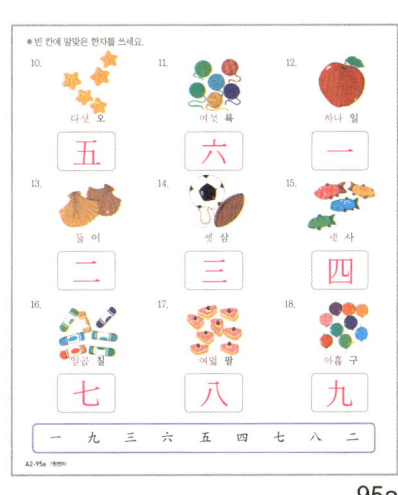
95a
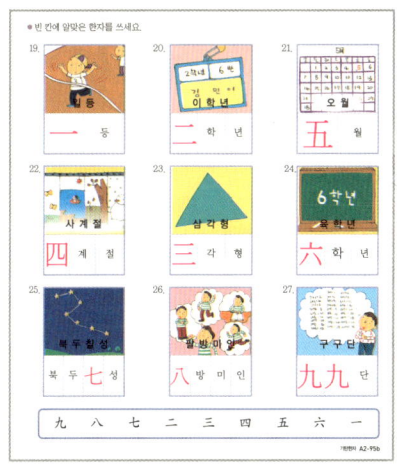
95b

펴낸이 : 정지향
펴낸곳 : (주)기탄교육
기획·편집·디자인 : 기탄교육연구소
주소 : 06698 서울특별시 서초구 효령로 40 기탄출판센터
등록 : 제2000-000098호
전화 : (02) 586-1007
팩스 : (02) 586-2337

※서점에 갈 시간이 없거나 구하기 어려운 분은 인터넷 또는 전화로 신청하세요. 즉시 우송해 드립니다.
● www.gitan.co.kr

ⓒ (주)기탄교육 All rights reserved.
저작권자의 동의 없이 본 교재를 무단으로 복제하거나 전재하는 것을 금합니다.

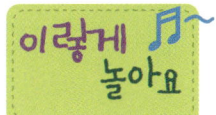

한자 창열기 놀이

한자 창열기 놀이는 장난감 가게의 모형 속에 A2집에서 배운 9자를 모두 복습할 수 있도록 만든 놀잇감입니다.
아이가 흥미롭게 가지고 놀 수 있도록 엄마가 수시로 한자에 대하여 질문하여 줍니다.

● 누가 먼저 찾나?

1. 8호 부교재를 오려 한자 창열기를 만들어요.
2. 아빠는 '넷 사', '여덟 팔' 하고 뜻·소리를 불러요
3. 엄마랑 아이 중 한자를 먼저 찾는 사람이 표시를 하고 모르는 한자는 창을 열어 확인해요.

● 한자의 3요소 만들기

1. 한자가 쓰여진 곳엔 뜻·소리를 써 넣어요.
2. 그림만 있는 곳엔 한자를 써 넣어요.
3. 뜻·소리만 있는 곳엔 한자를 써 넣어요.

• 제시된 놀이 방법 이외에도 재미있는 방법으로 익히도록 합니다.

기획·편집·디자인 기탄교육연구소
주소 06698 서울특별시 서초구 효령로 40 기탄출판센터 | **전화** (02) 586-1007 | **팩스** (02) 586-2337
ⓒ (주)기탄교육 All rights reserved. 본 교재의 저작에 관한 모든 권리는 (주)기탄교육에 있습니다. 저작권자의 동의 없이 본 교재를 무단으로 복제하거나 전재하는 것을 금합니다.